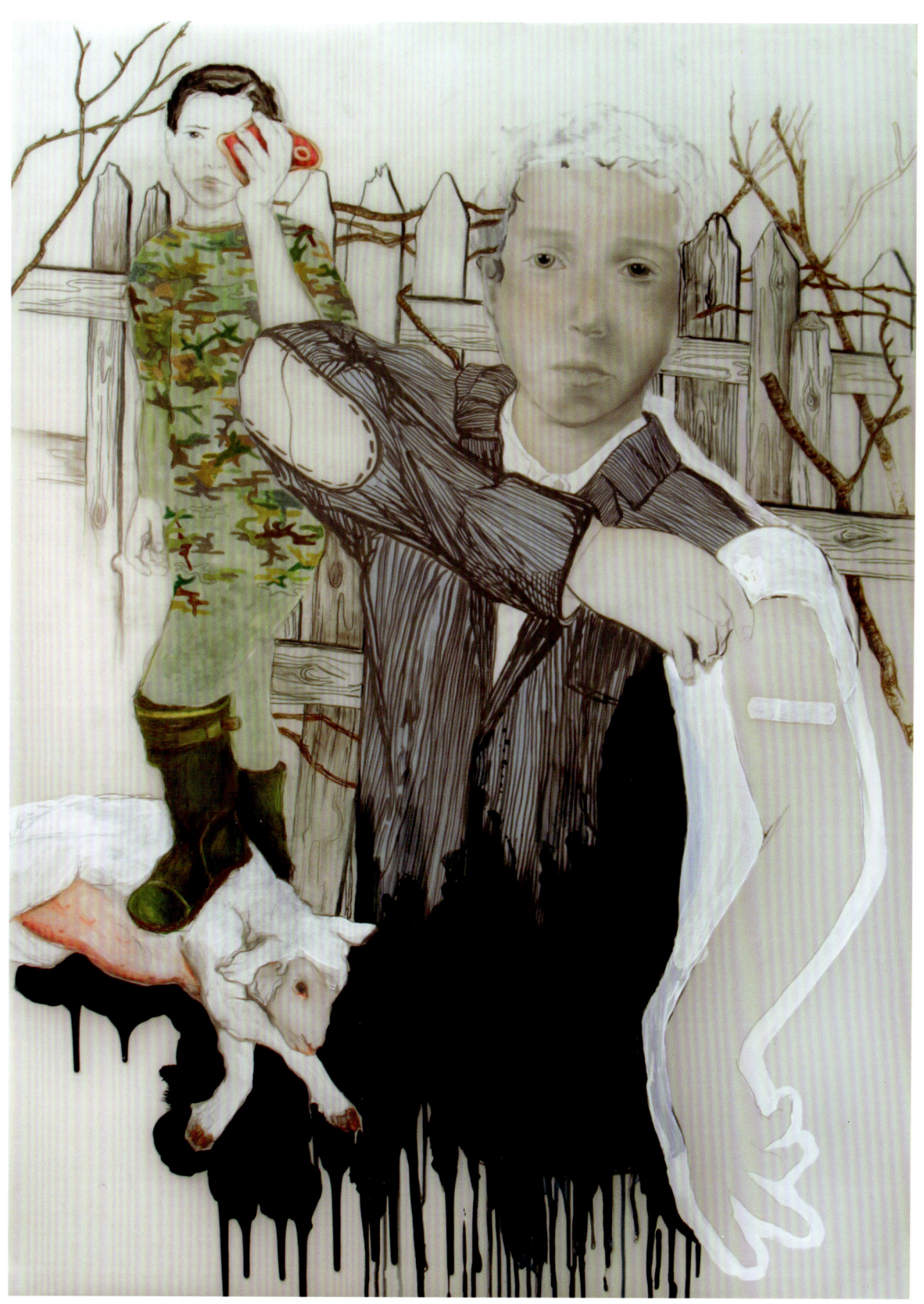

ANTHONY GOICOLEA

Drawings

Twin Palms Publishers
2007

1] **Mama's Boy** 2004
5] **Bell Jar** 2003

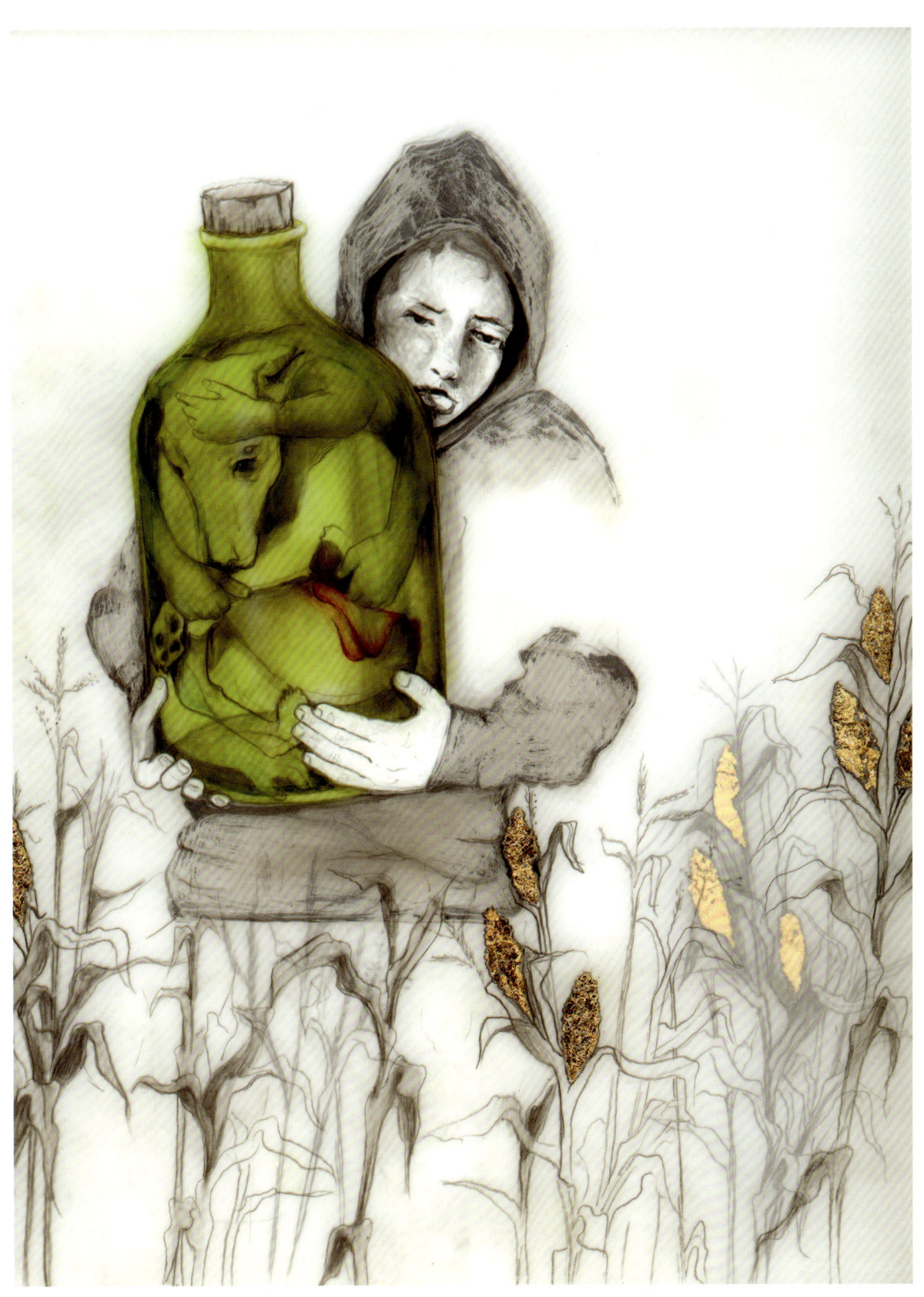

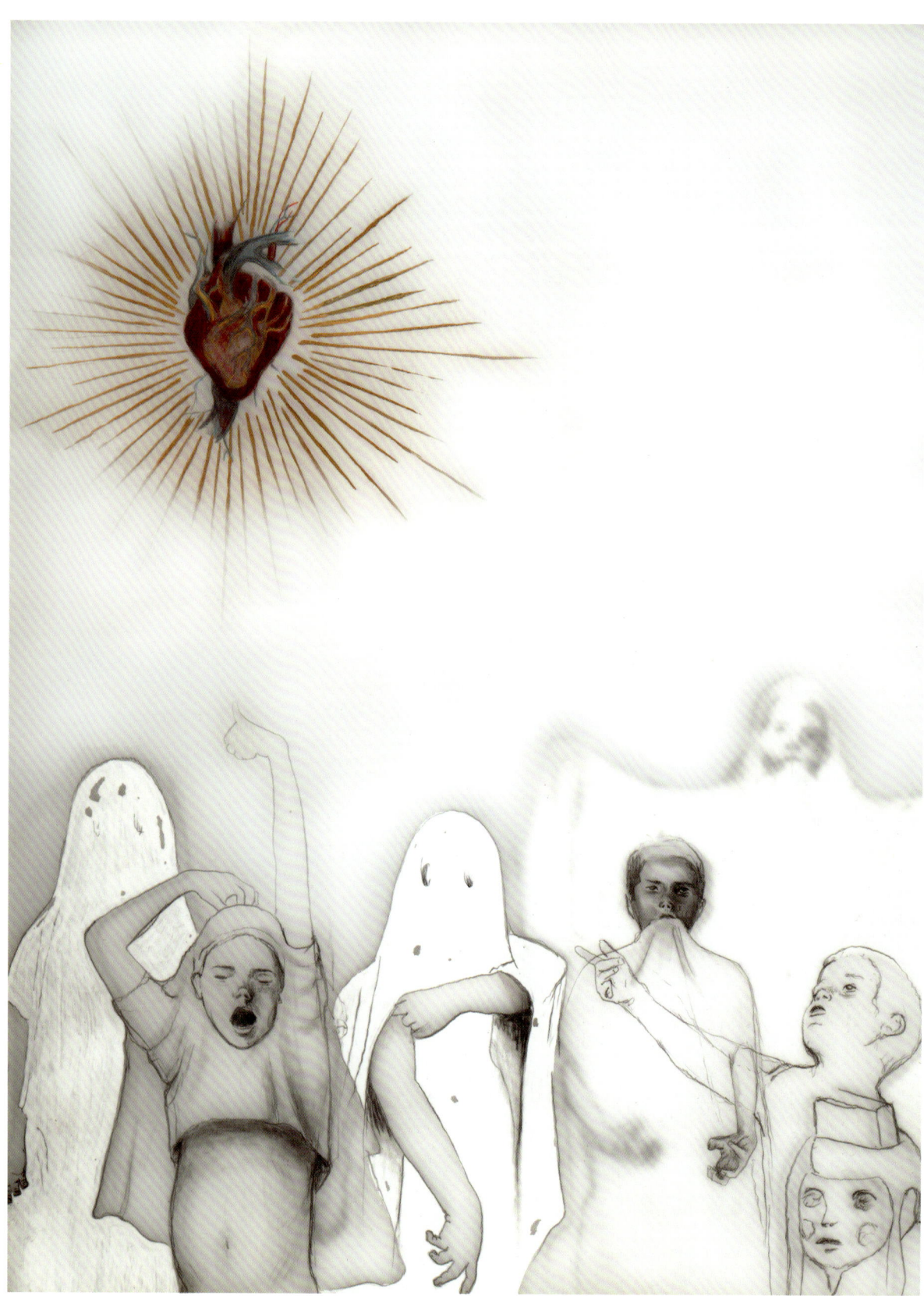

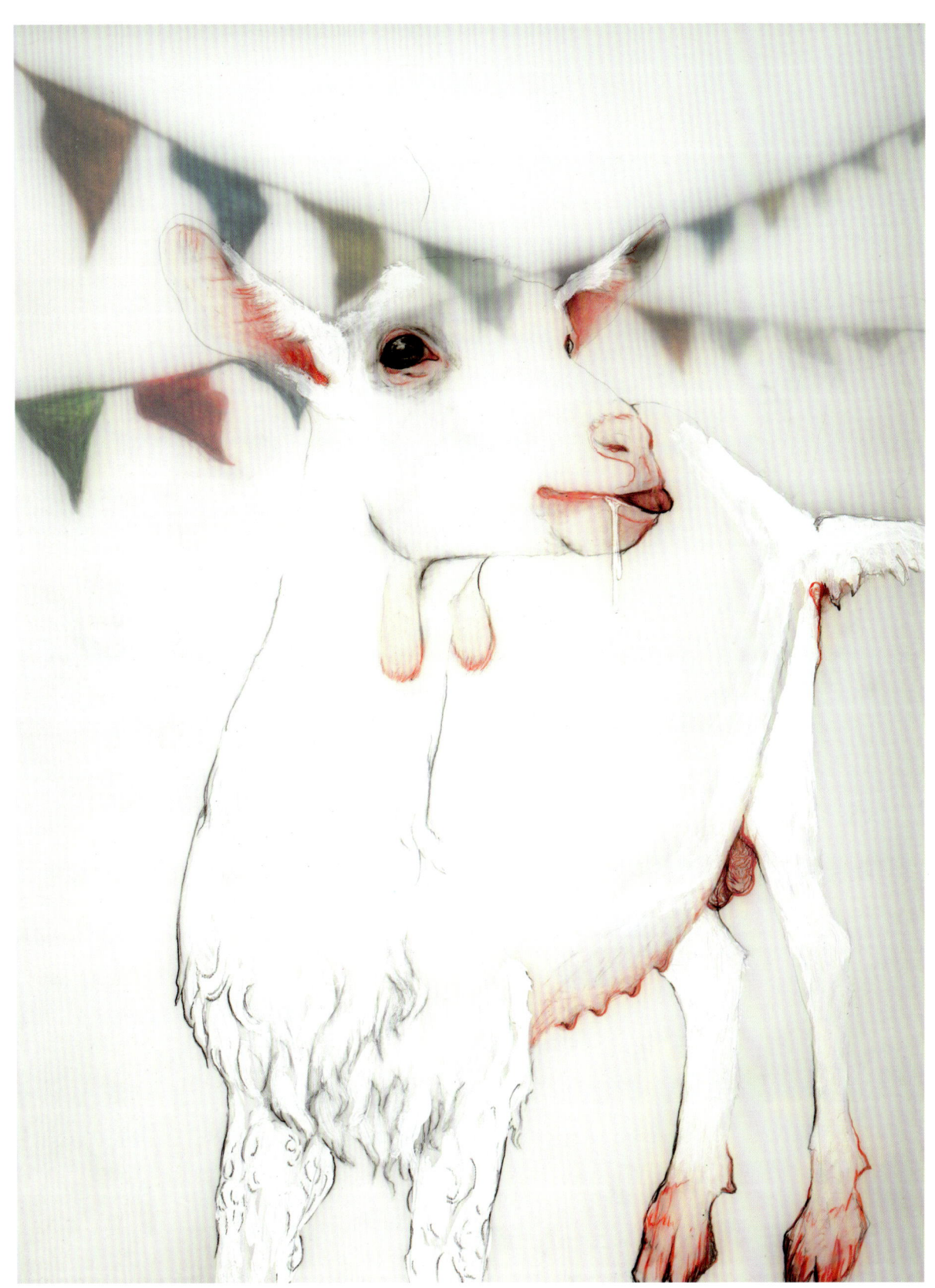

6] **Sacred Heart** 2003
7] **Goat** 2003
9] **Sitting Room** 2003

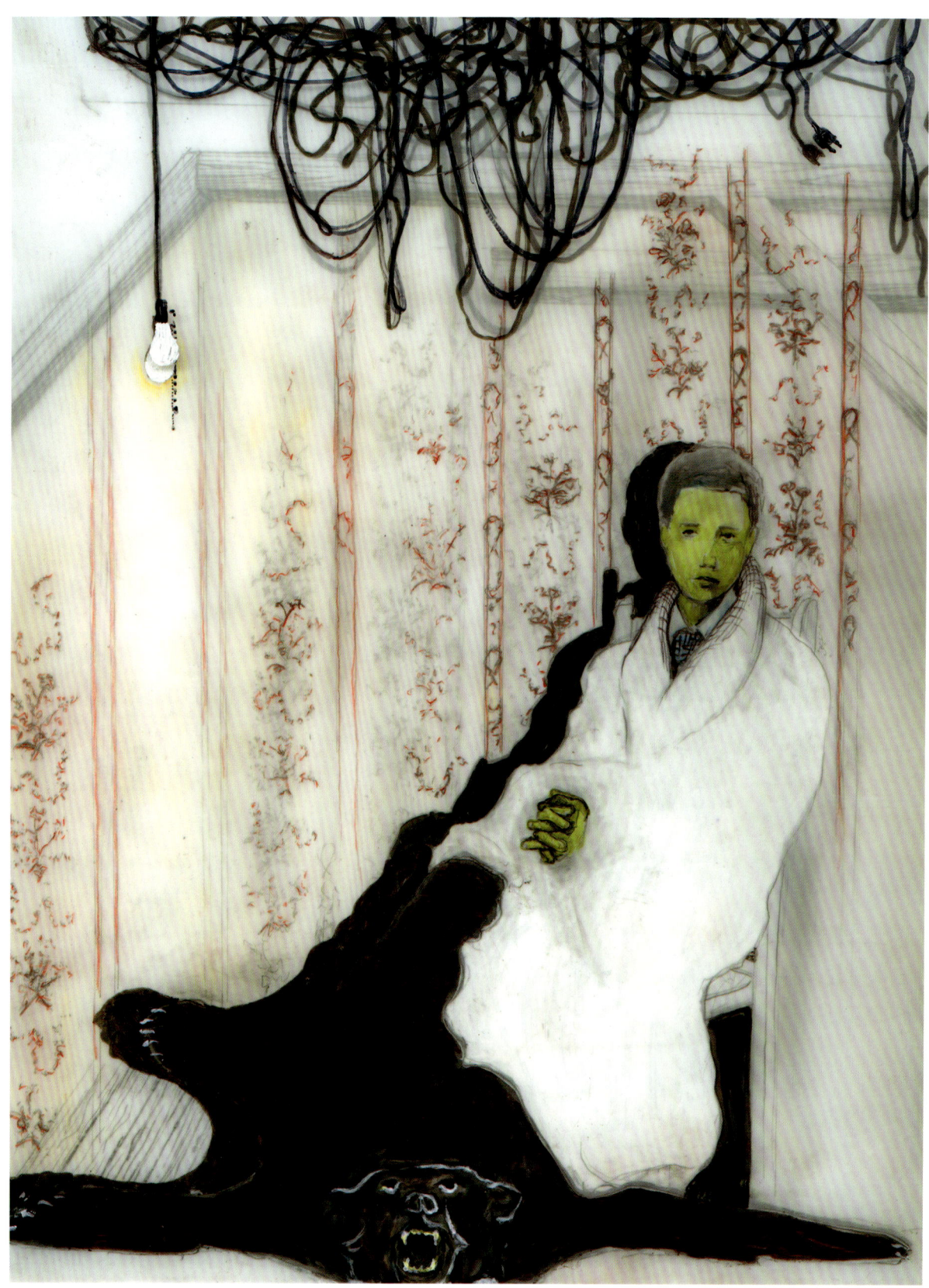

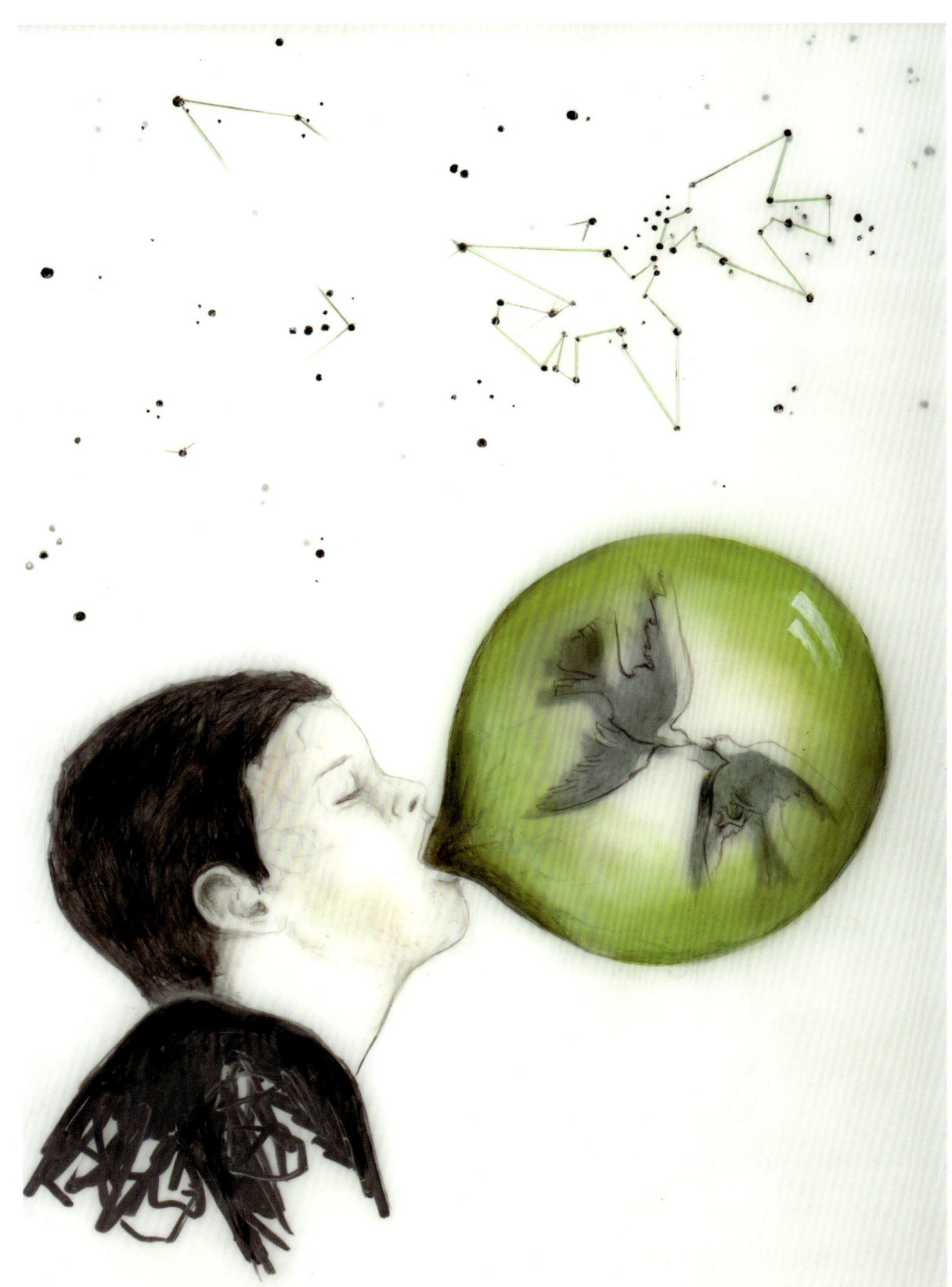

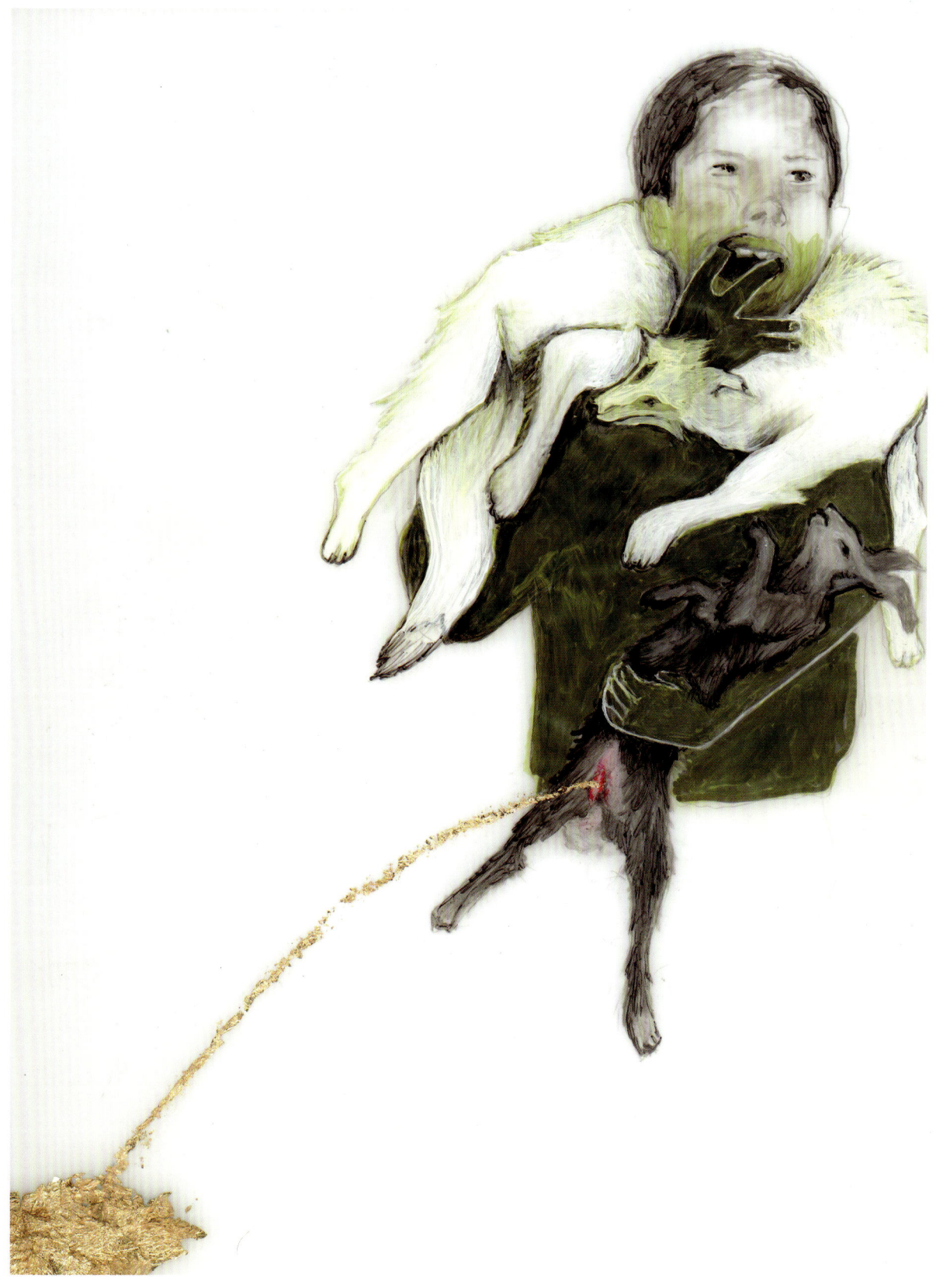

10] **Bubble Wish Face** 2003
11] **Golden Shower** 2003
13] **Stilted** 2003

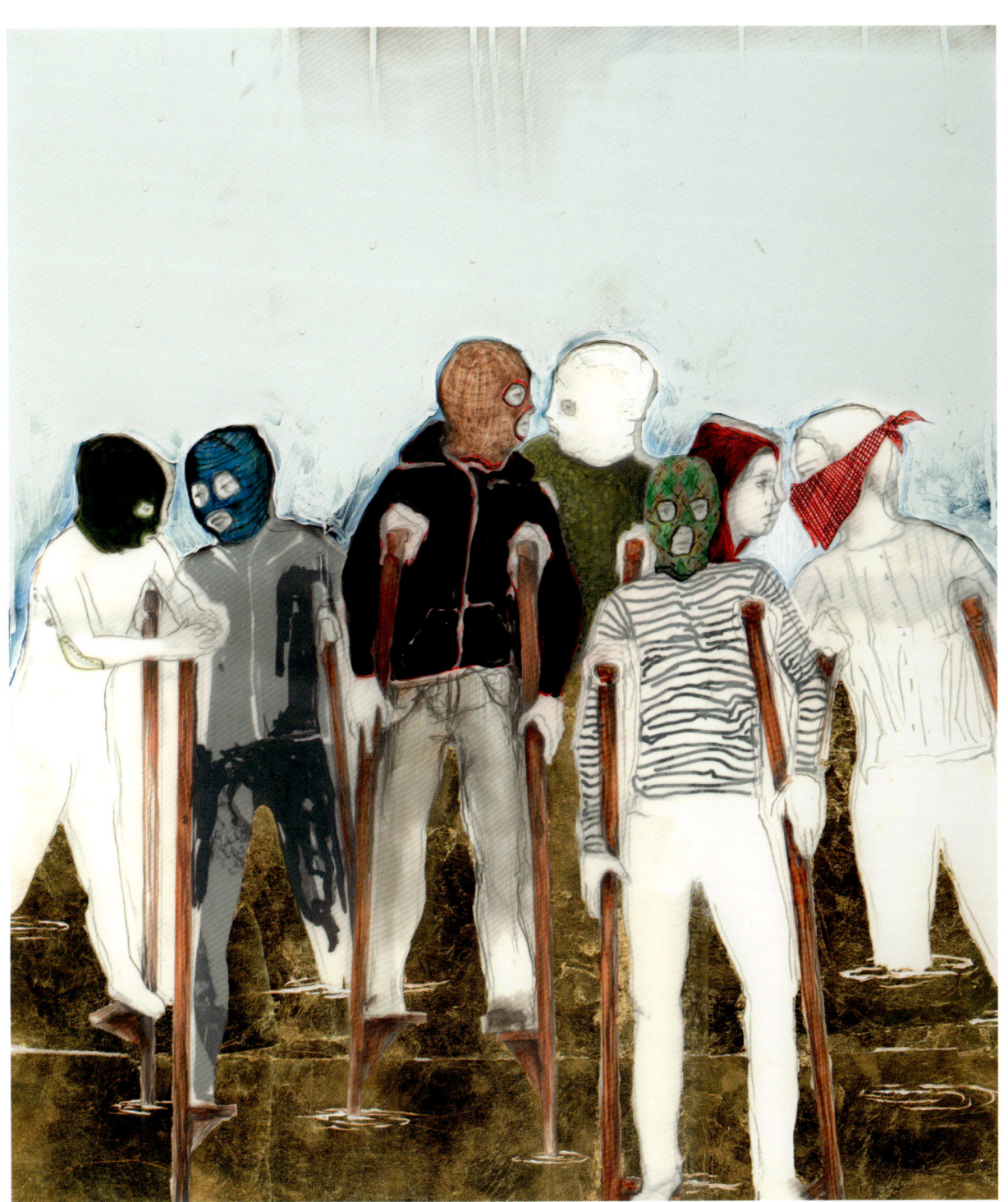

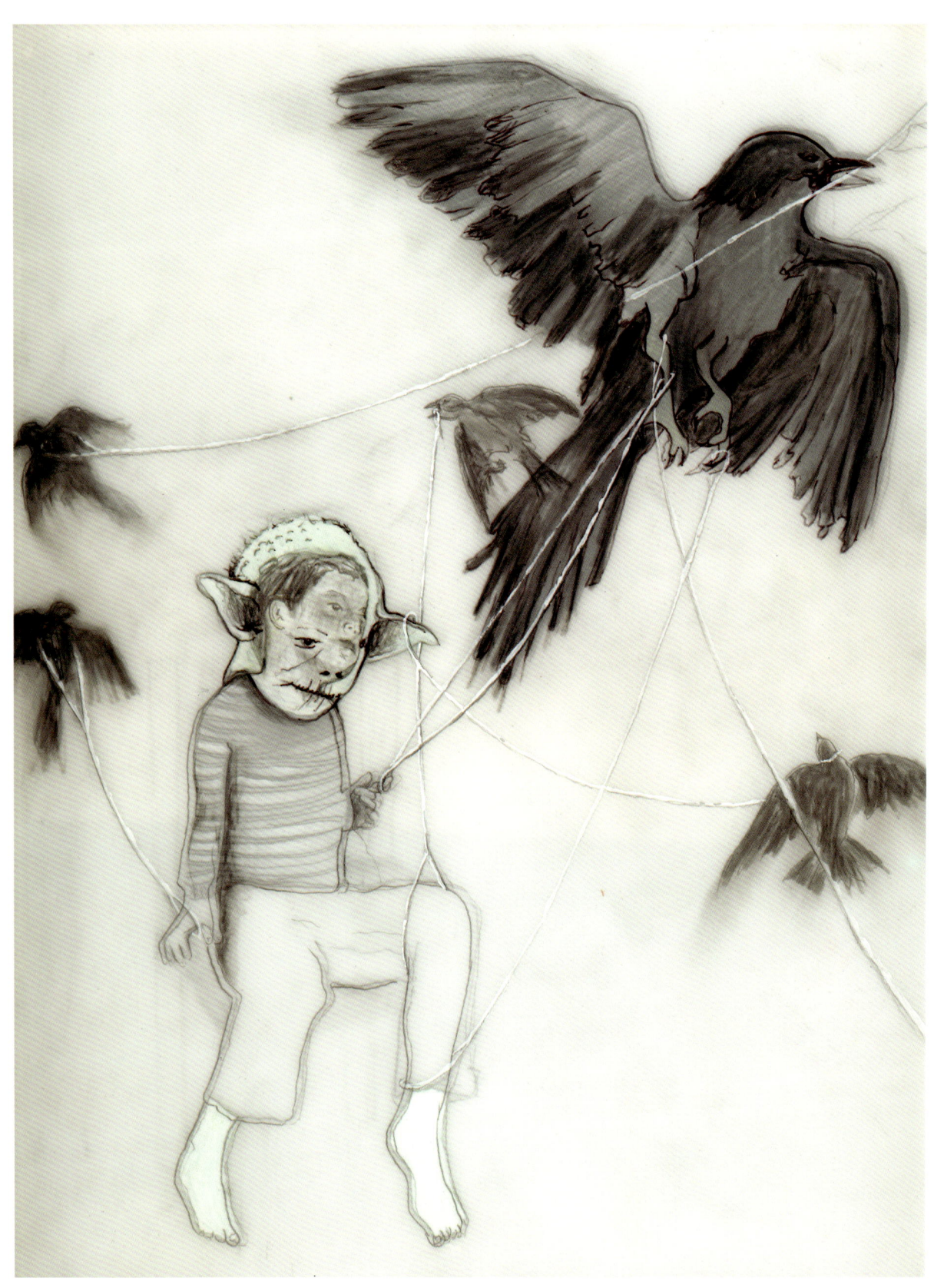

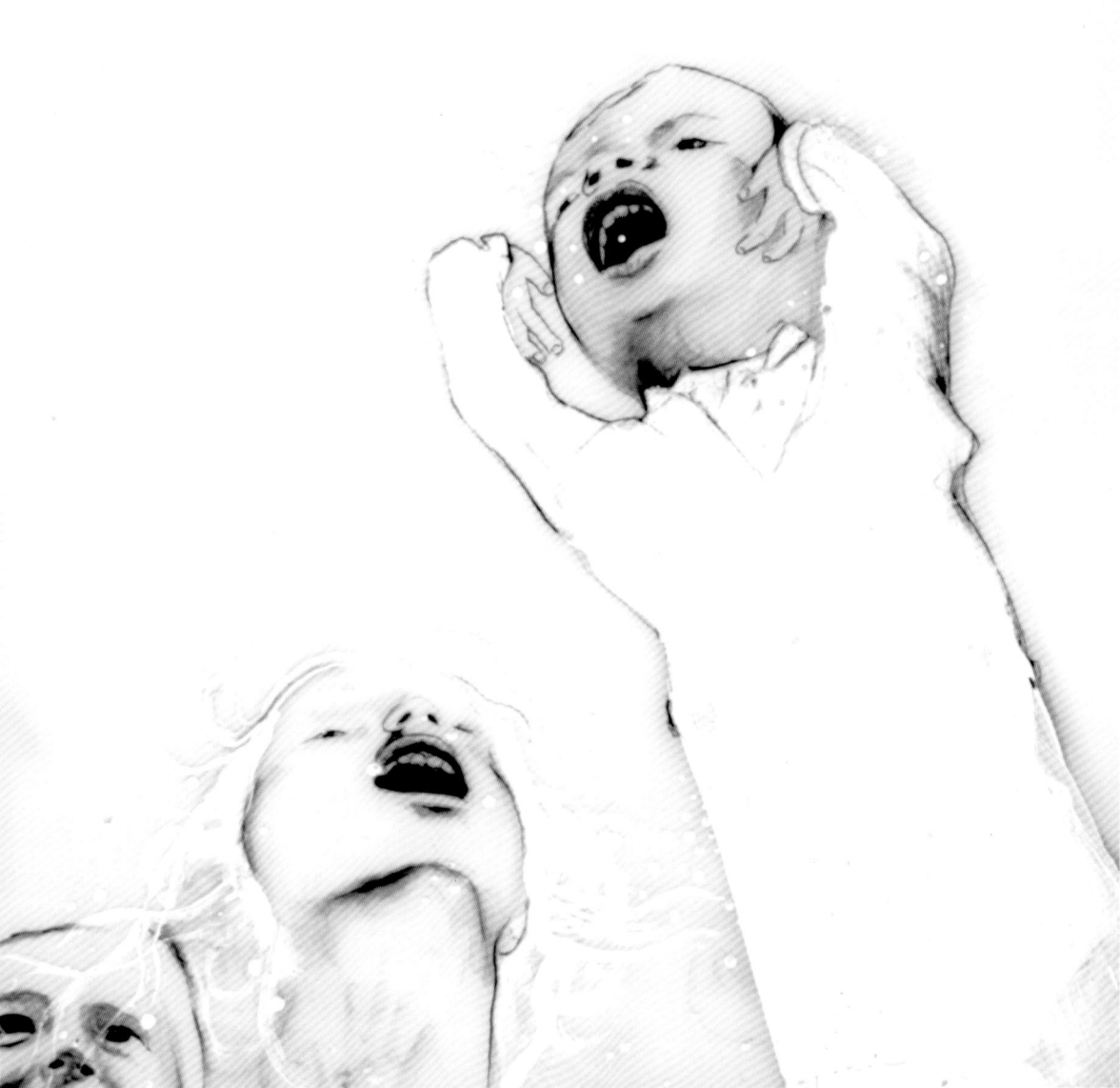

14] **Yodah Boy with Birds** 2003
15] **First Snow** 2003
17] **Migration** 2003

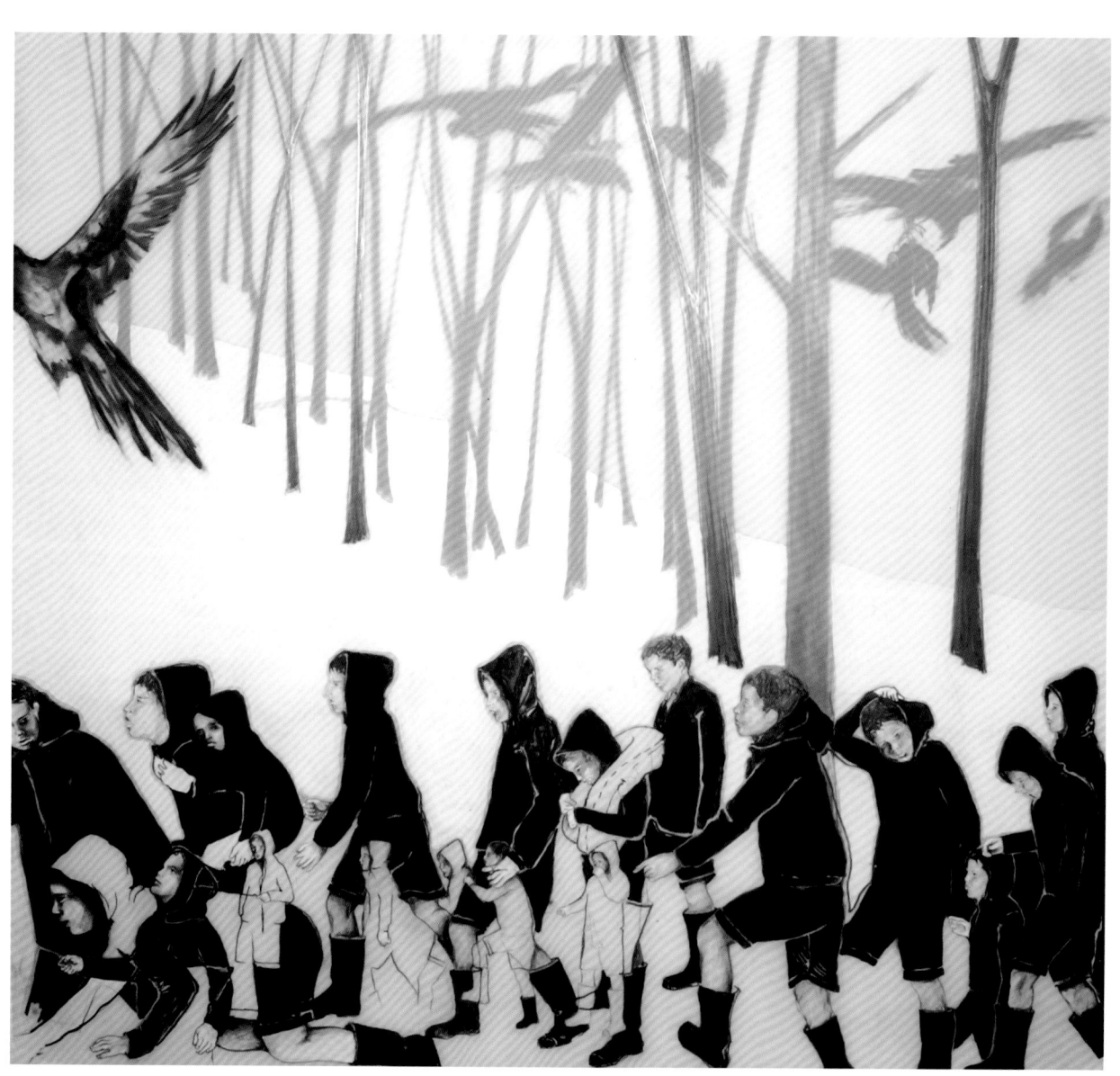

19] **Dog Pen** 2003

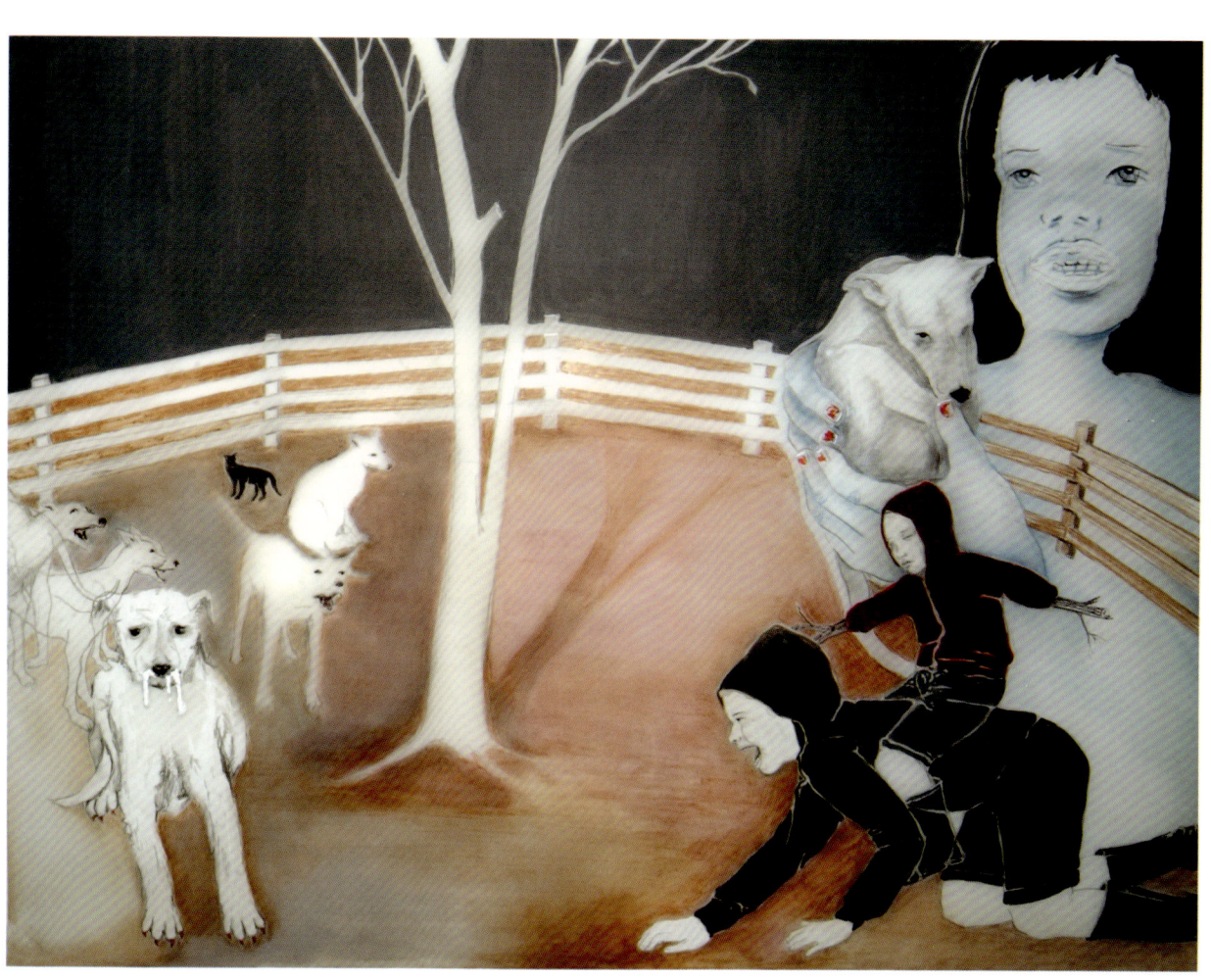

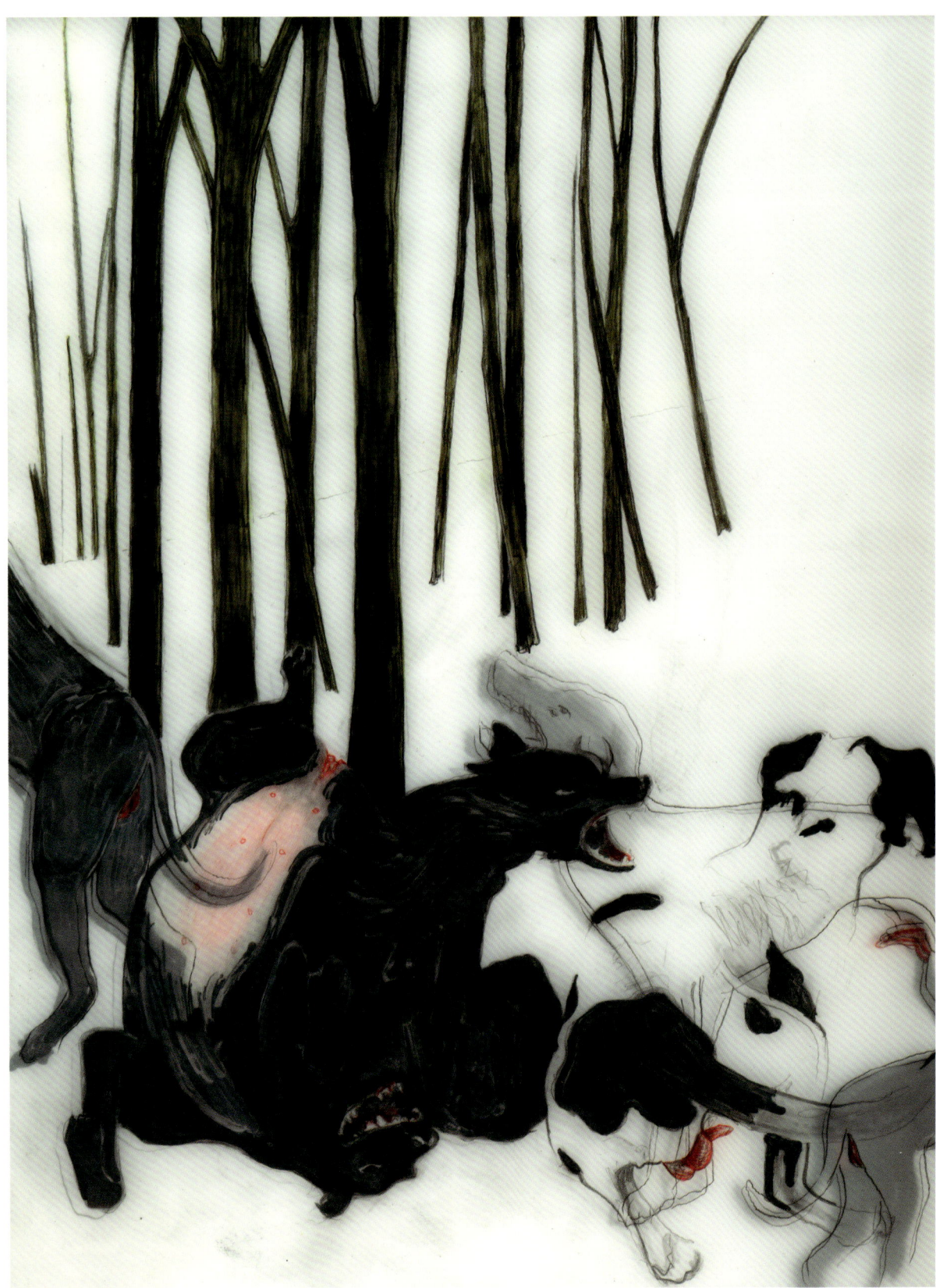

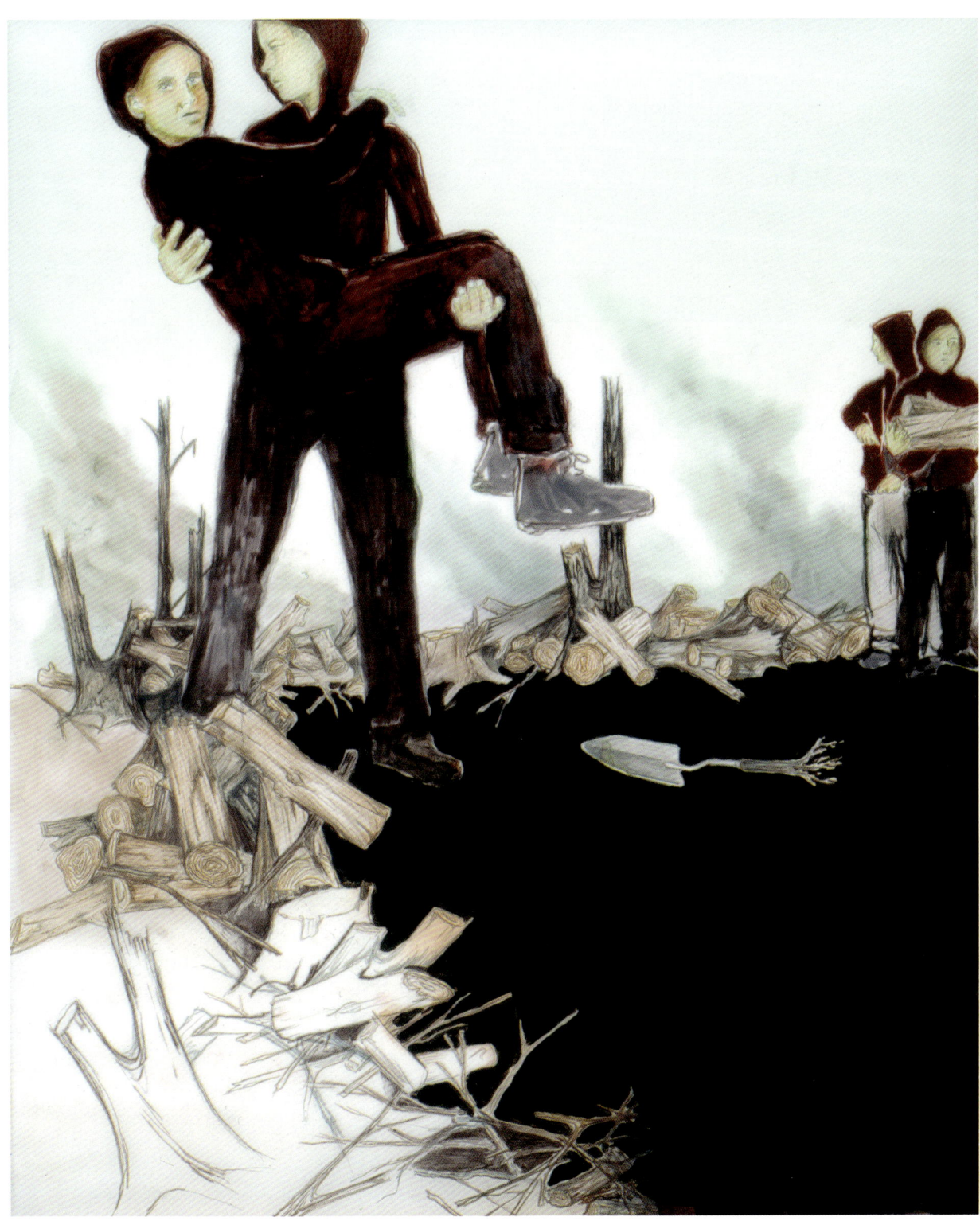

20] **Dog Fight** 2003

21] **Burnt** 2003

23] **Shat On** 2003

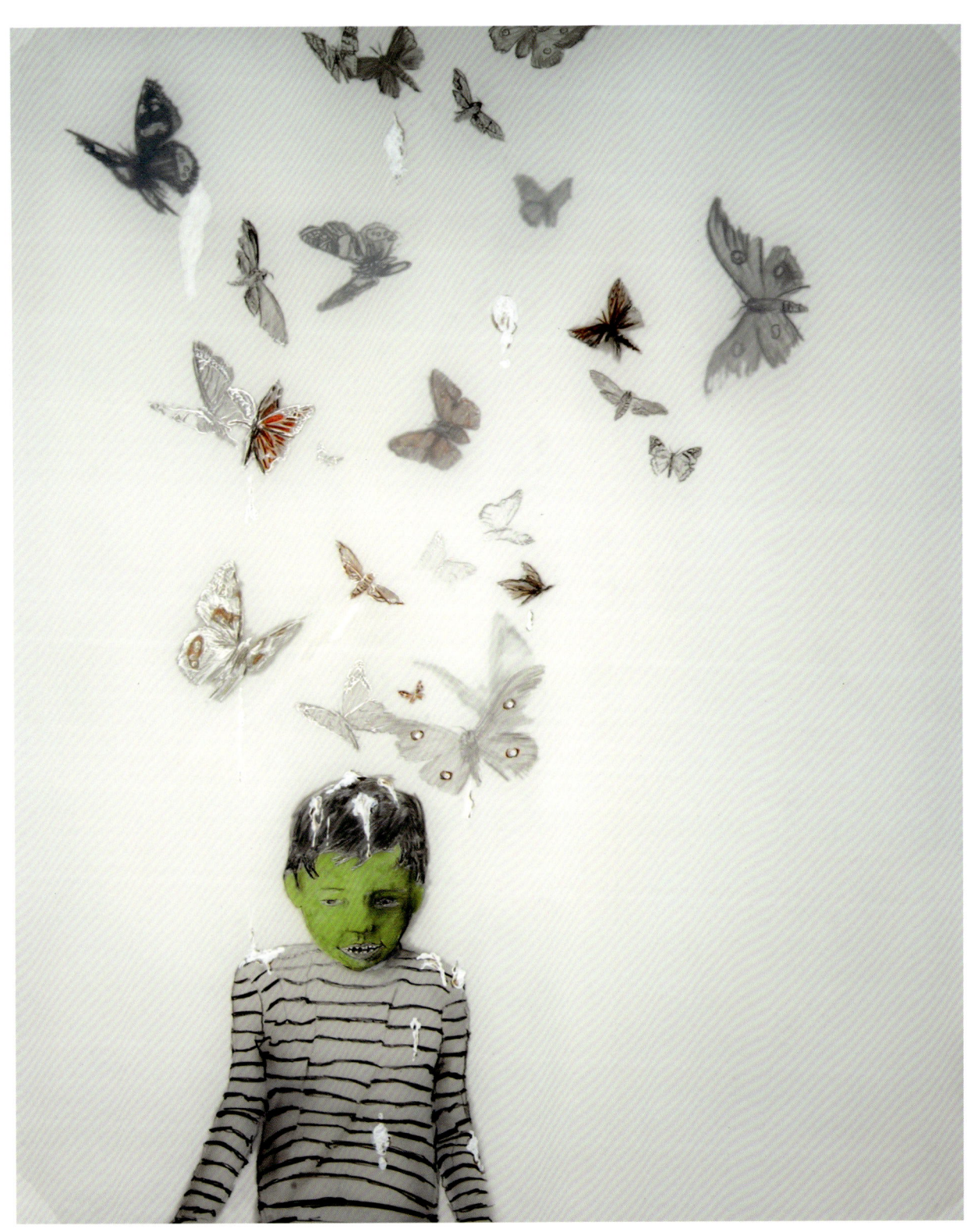

25] **Blind Hassid with Pasta** 2003

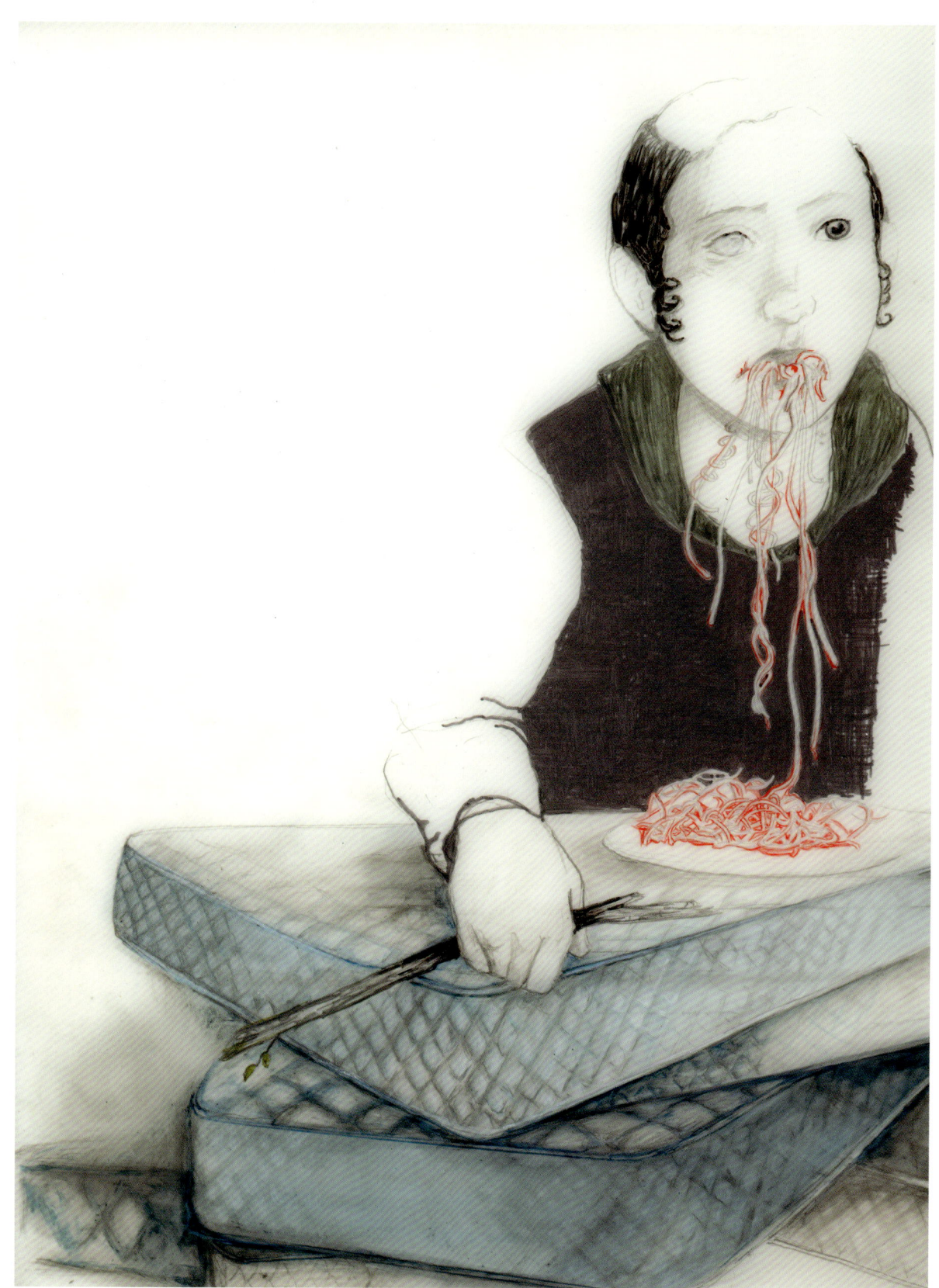

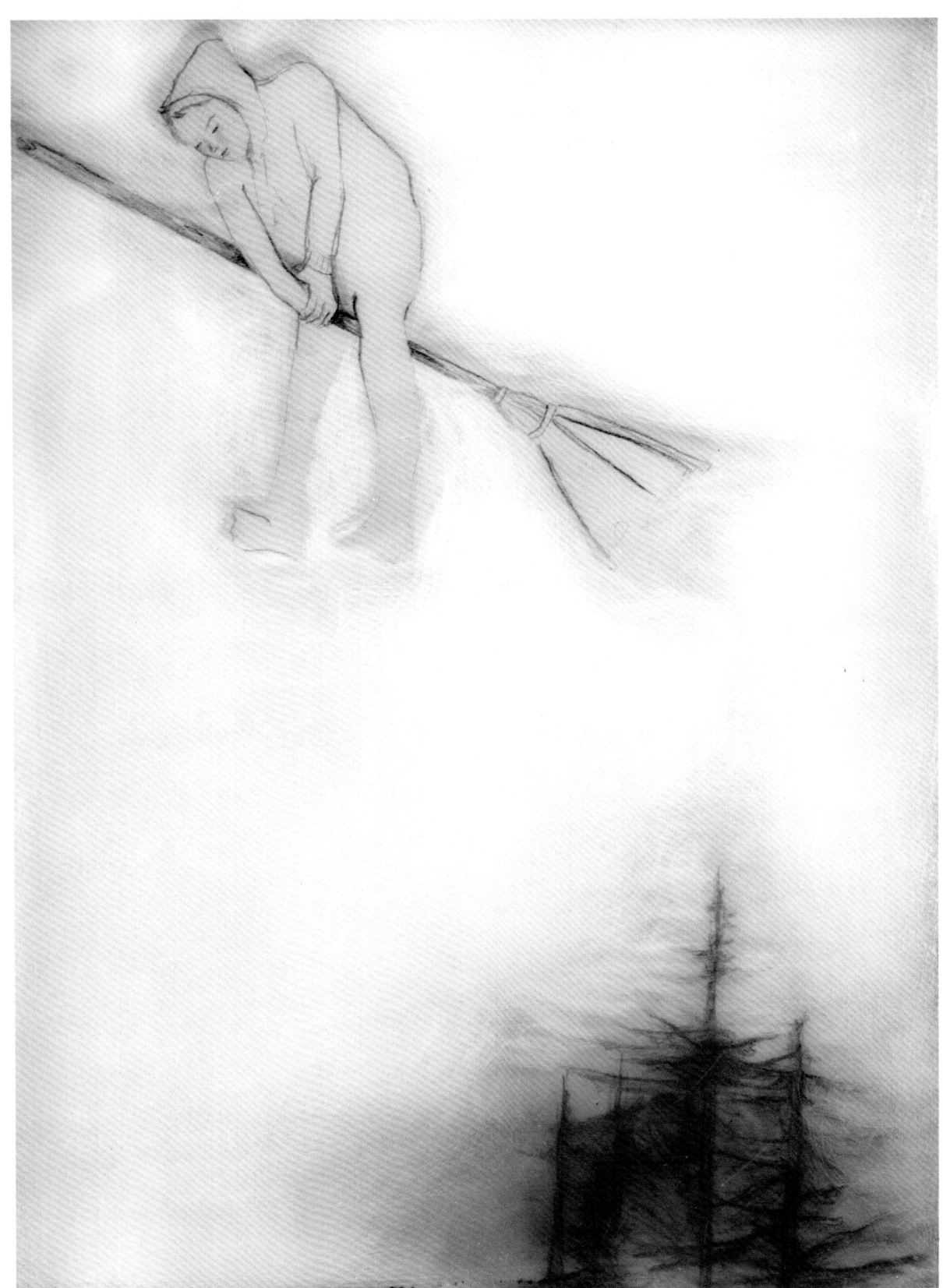

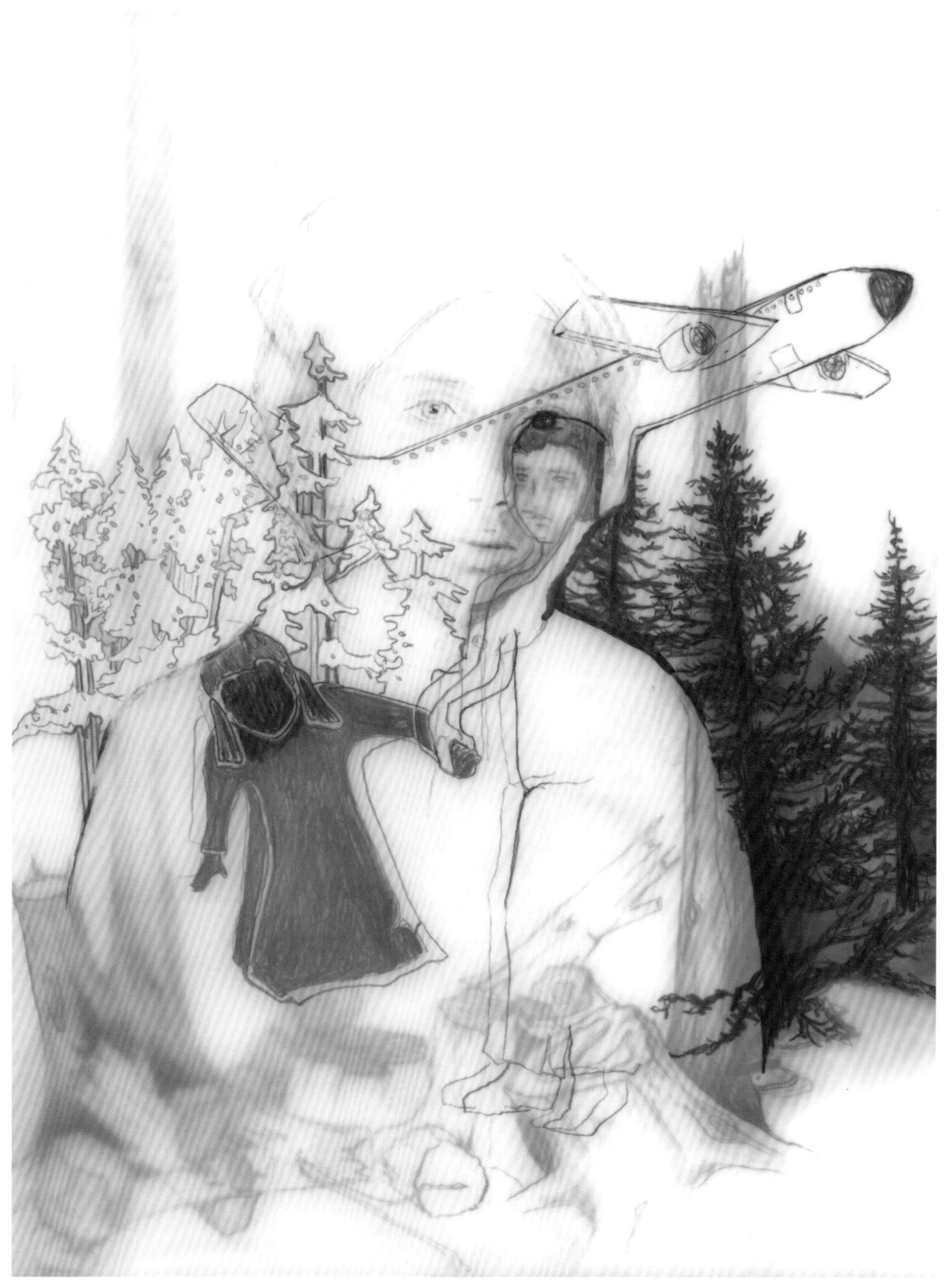

26] **Broomstick** 2003
27] **Escape from Witch Mountain** 2003
29] **Smoker** 2004

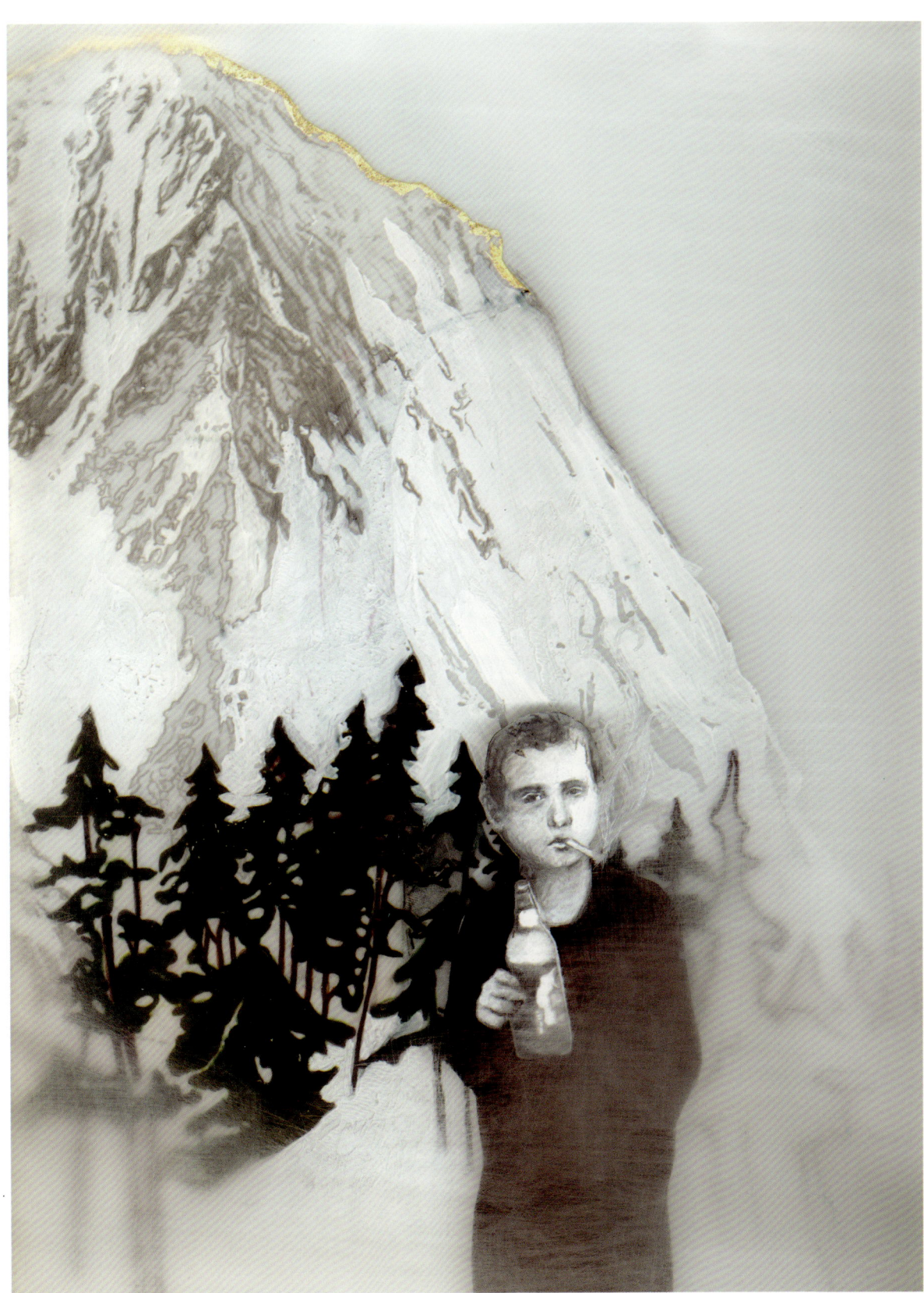

31] **Bee Keeper Girl** 2003

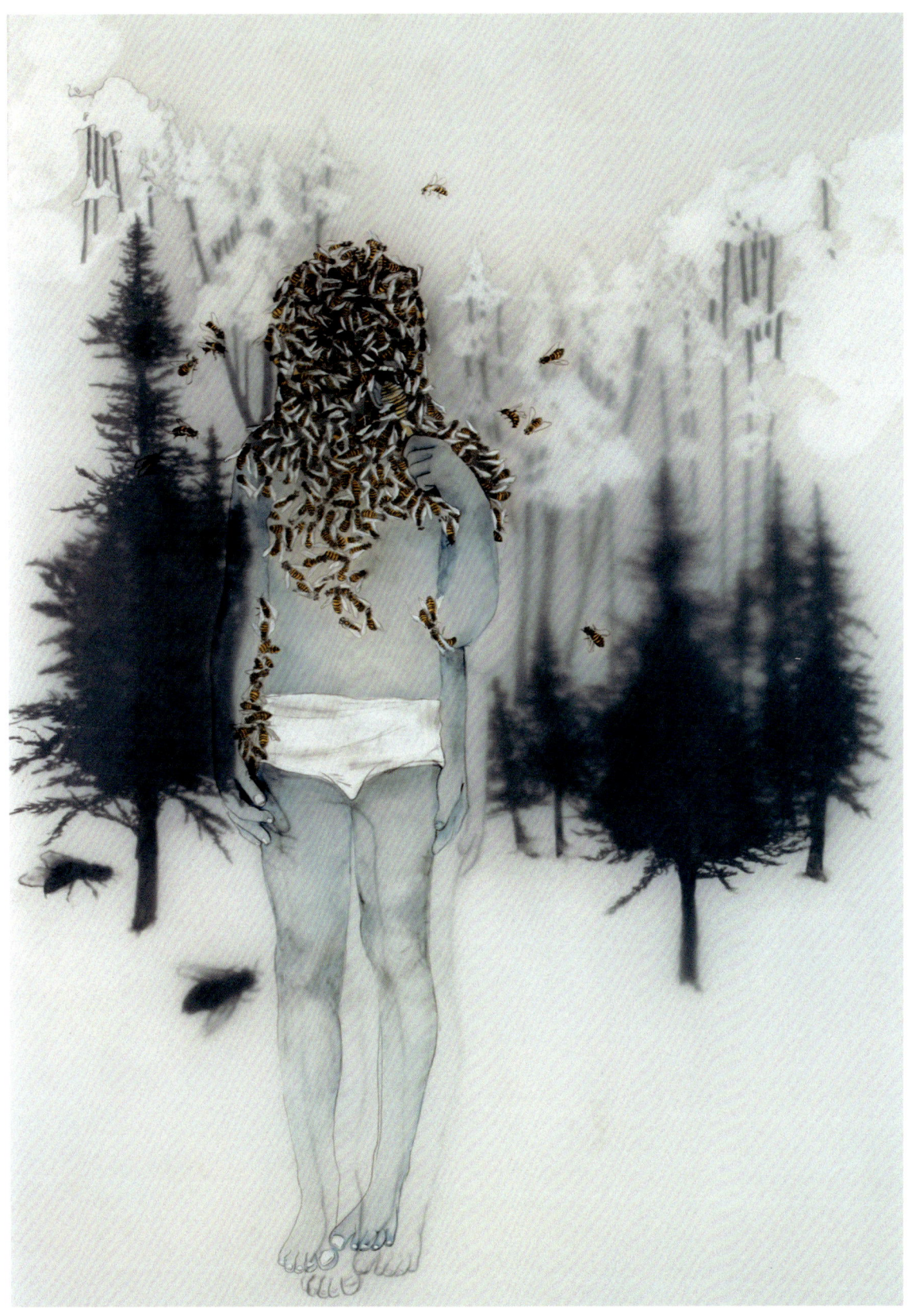

33] **Car Crash** 2004

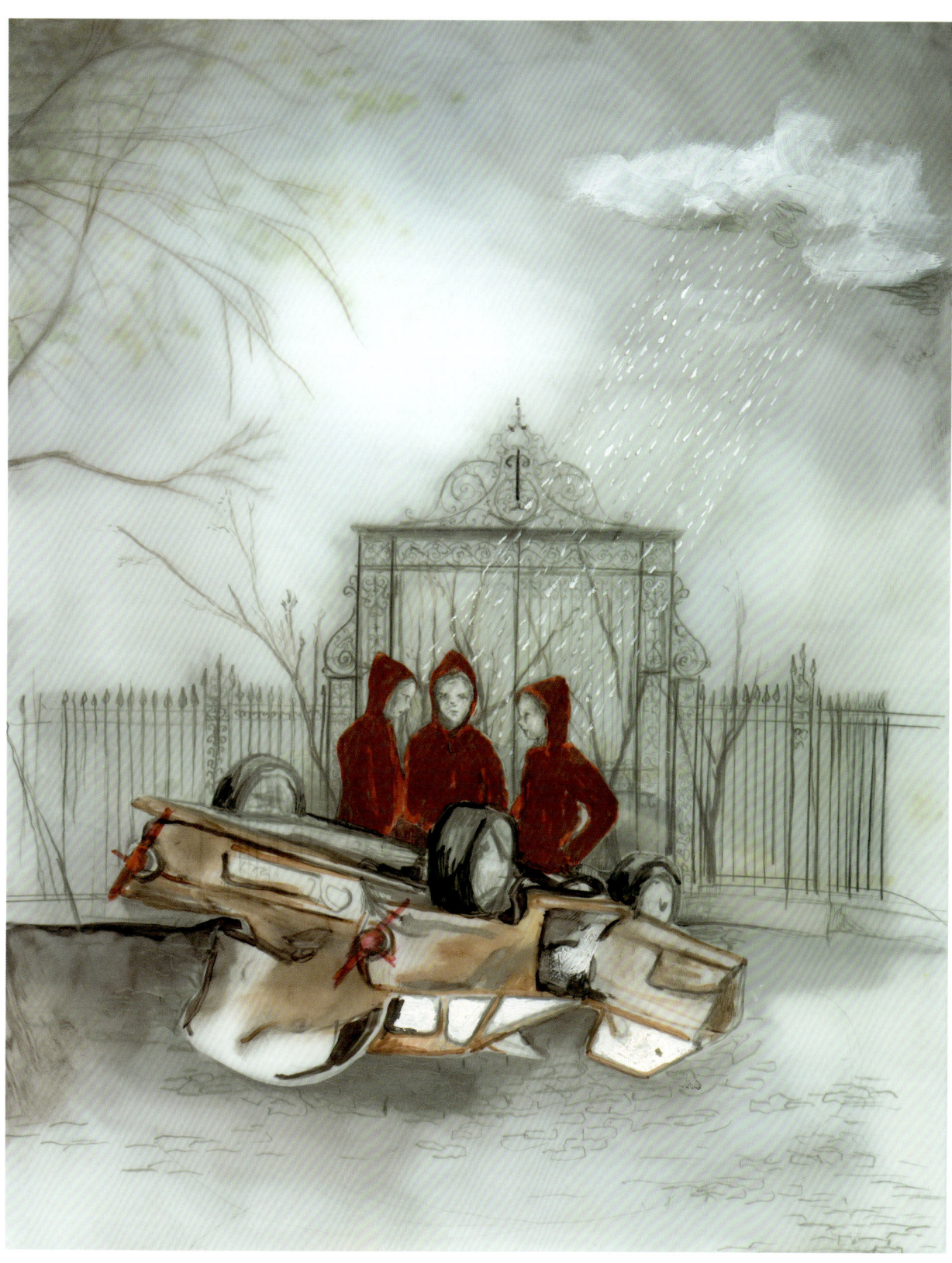

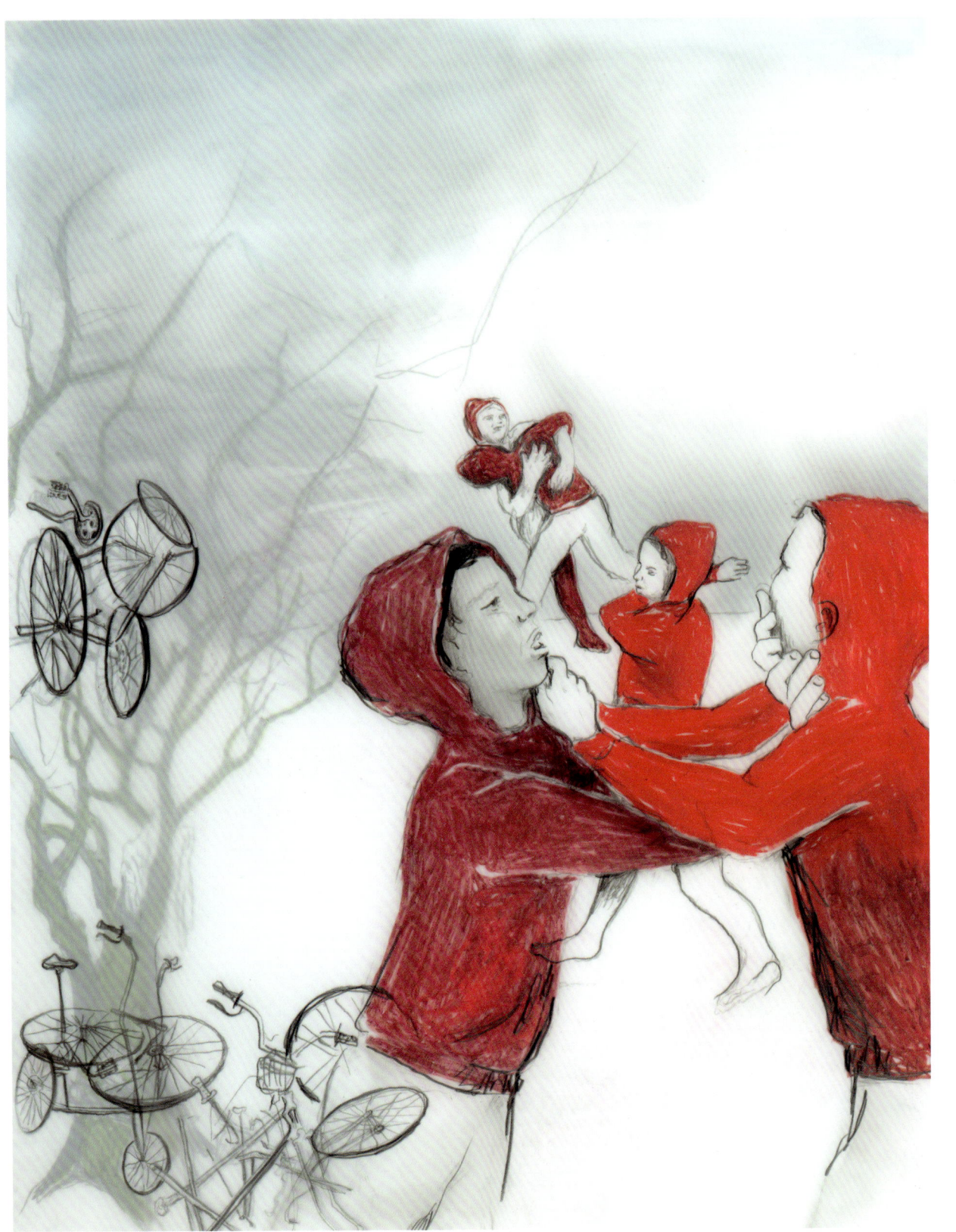

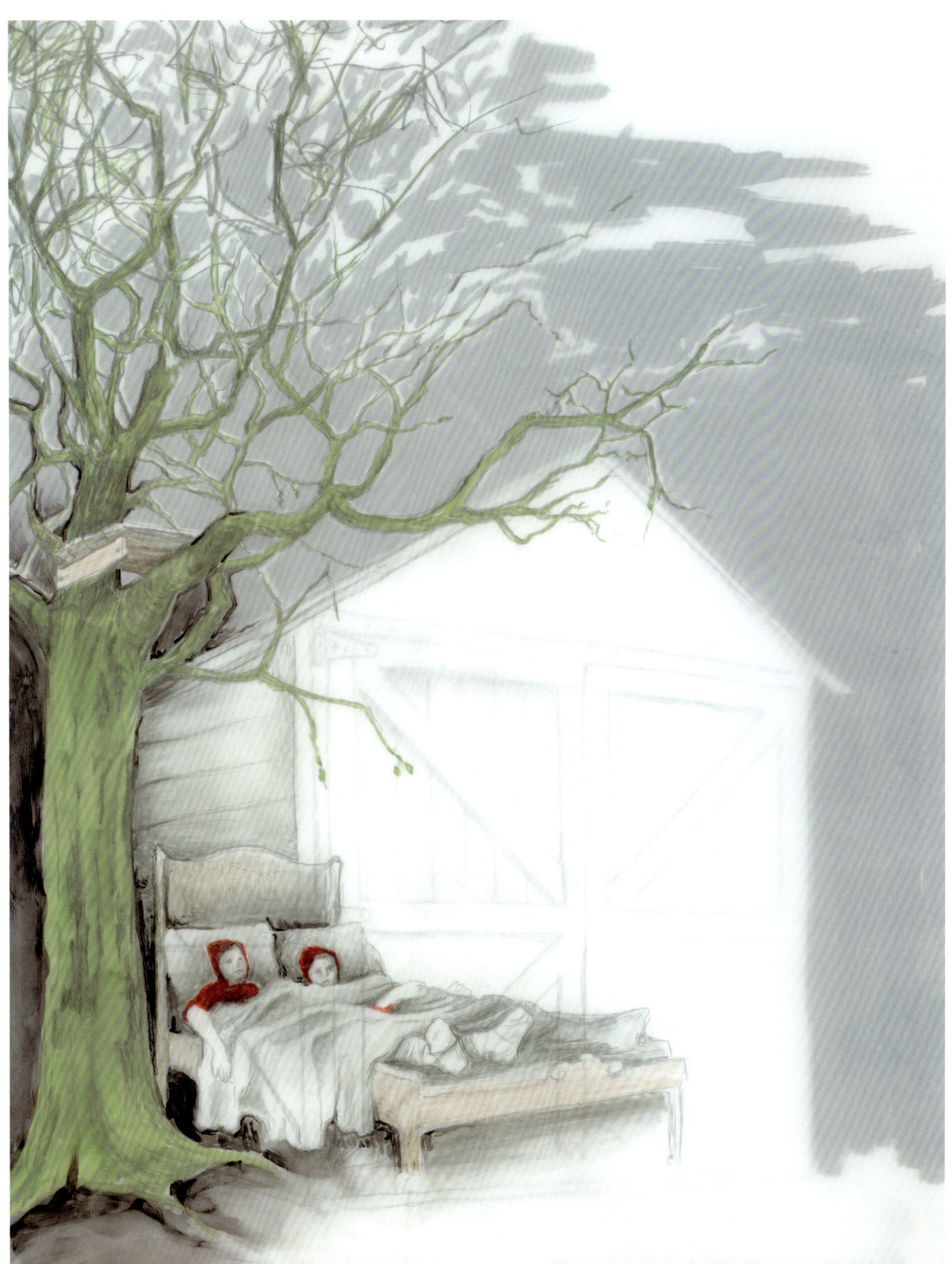

34] **Fight Scene** 2004
35] **Sick Bed** 2004
37] **Wolf in Sheep's Clothing** 2004

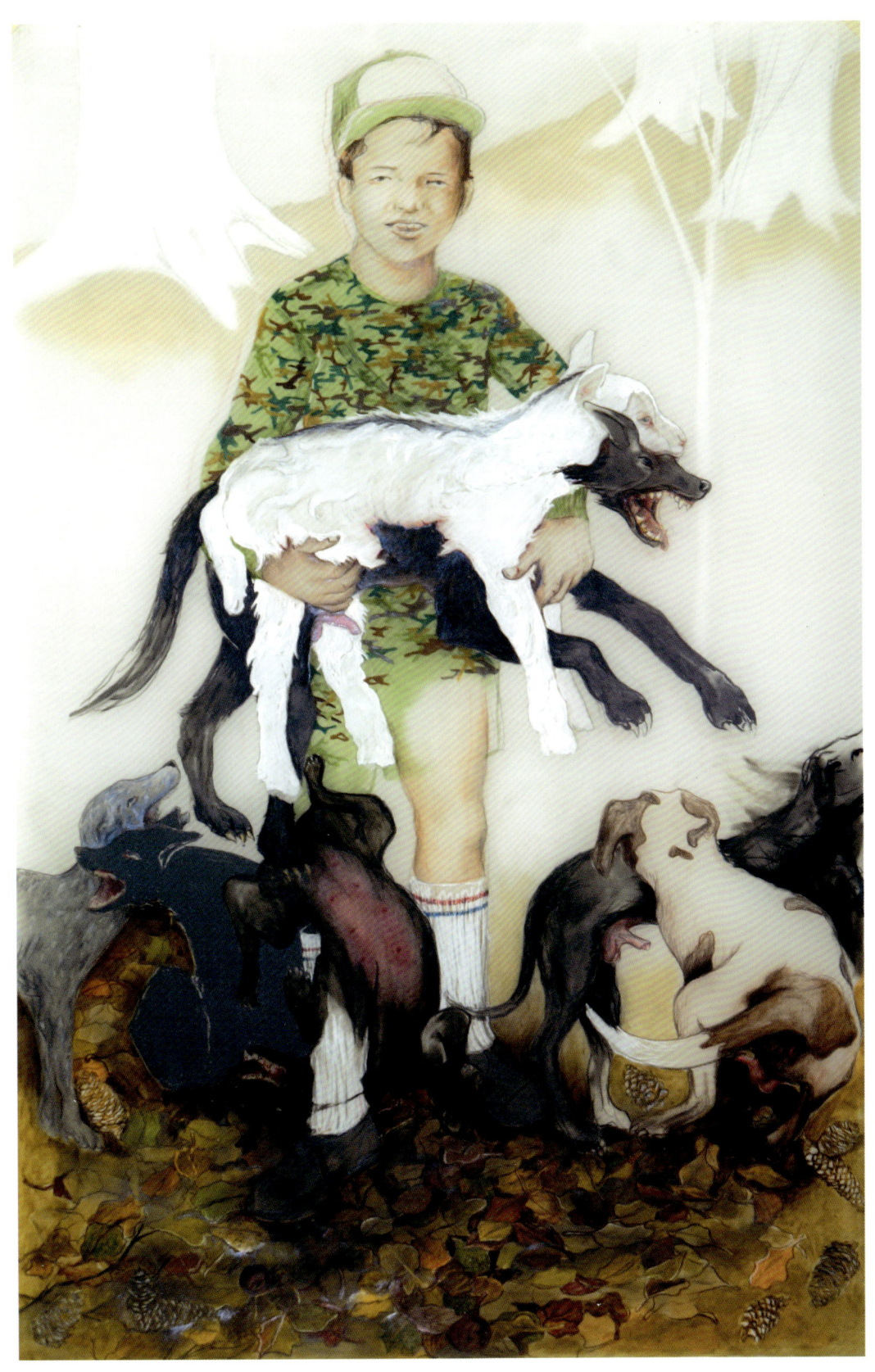

39] **Decomposition** 2004

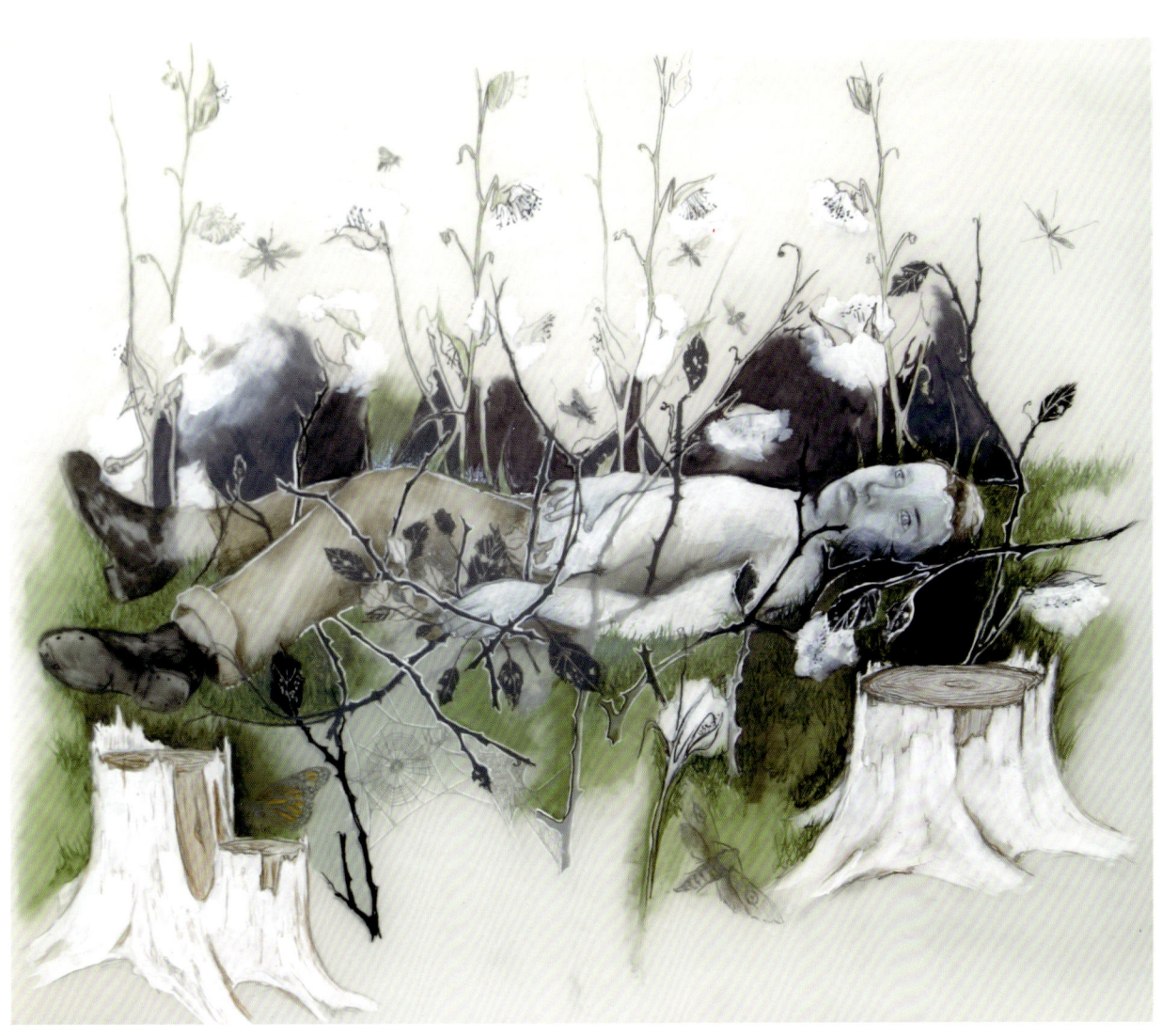

41] **Tar Baby** 2004

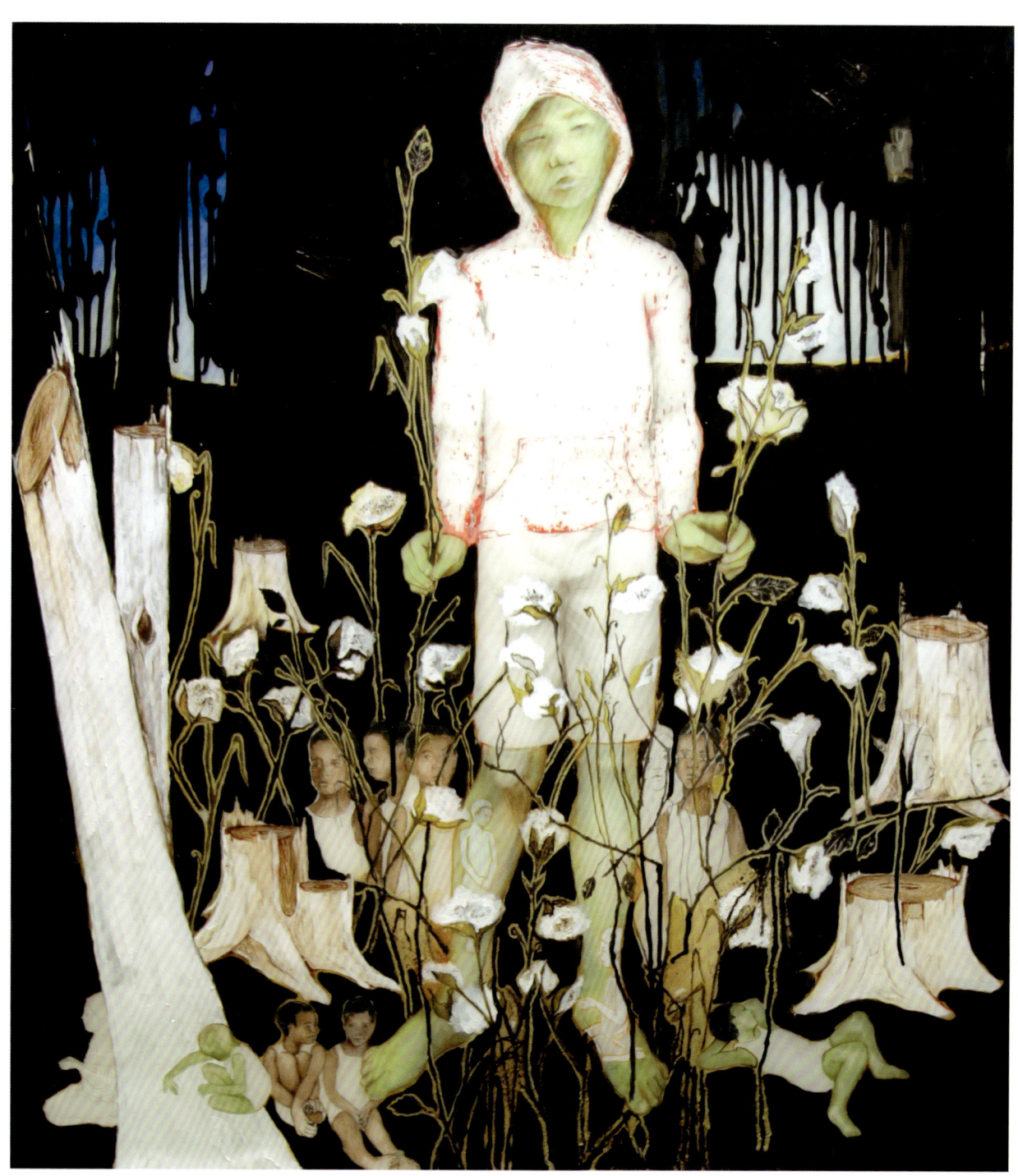

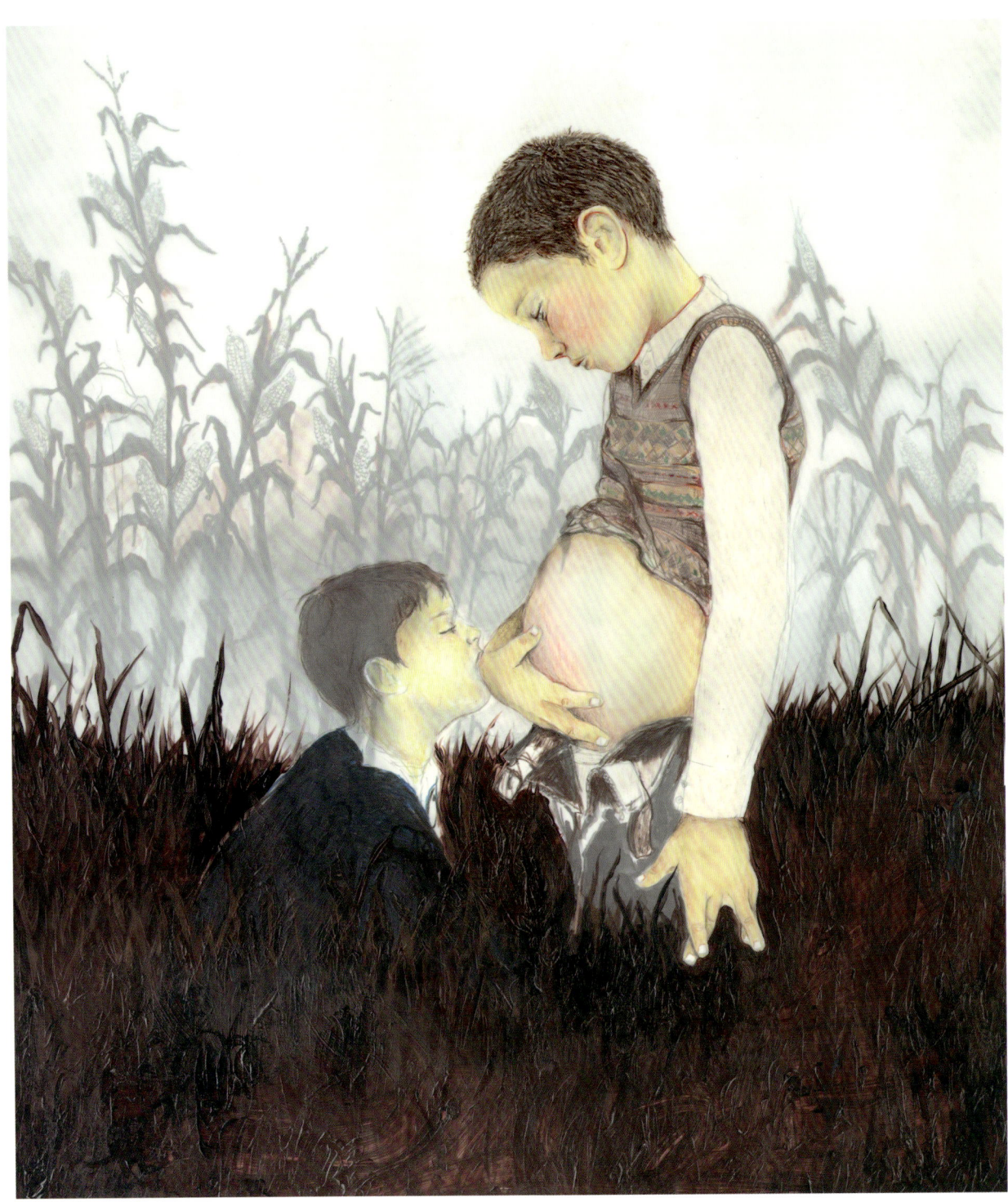

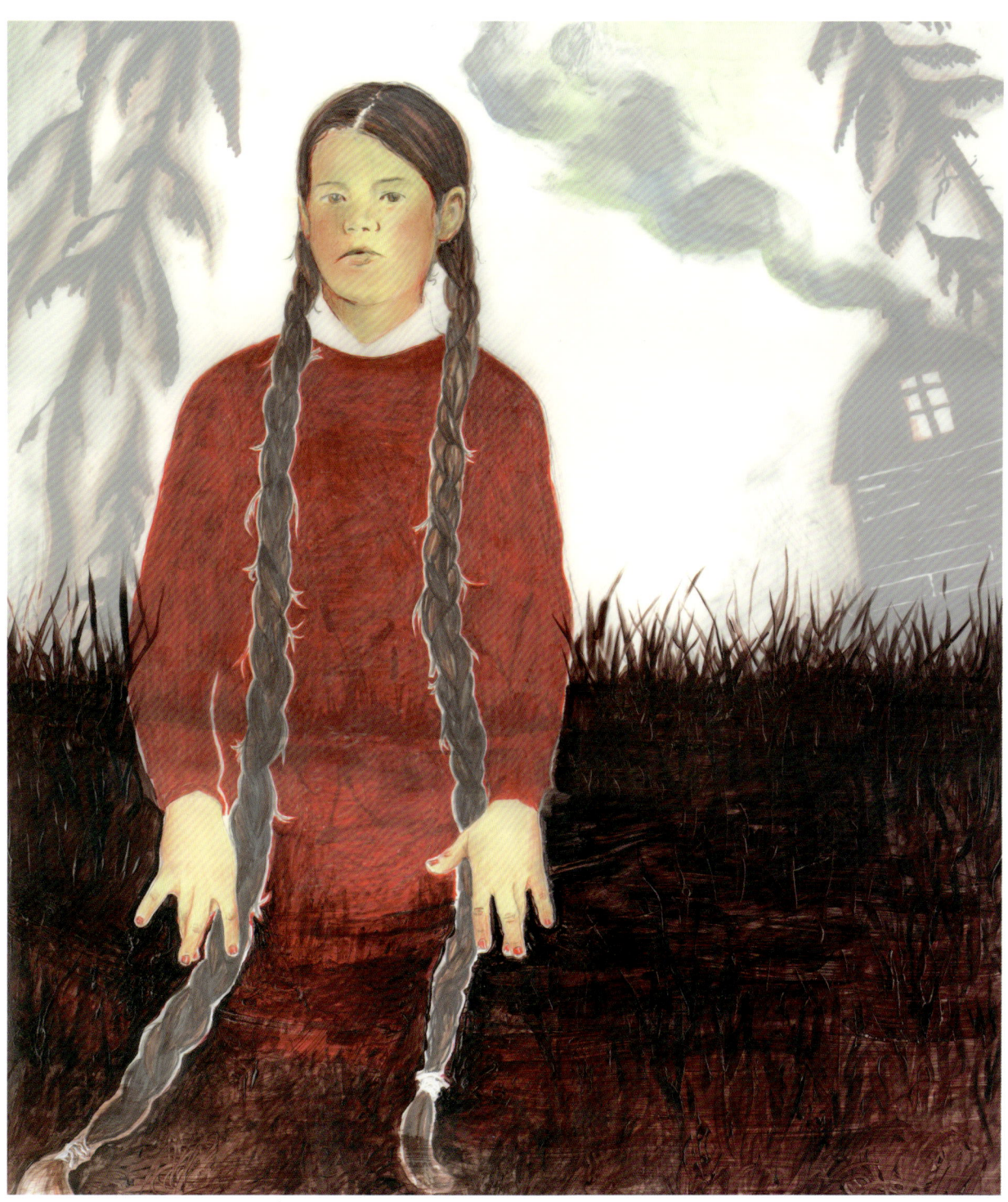

42] **Wishing in the Midwest I** 2004
43] **Wishing in the Midwest II** 2004
45] **Starry Night** 2004

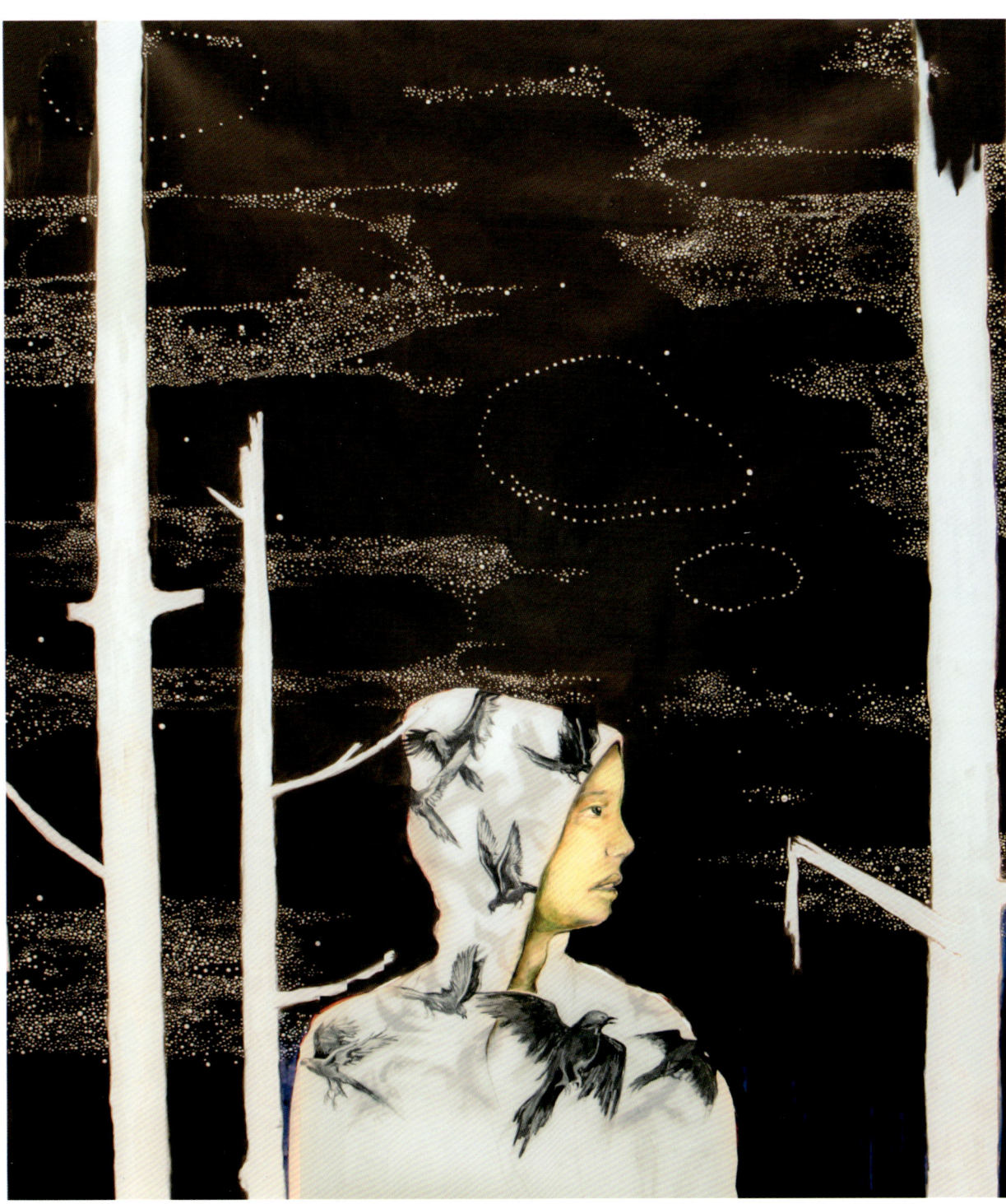

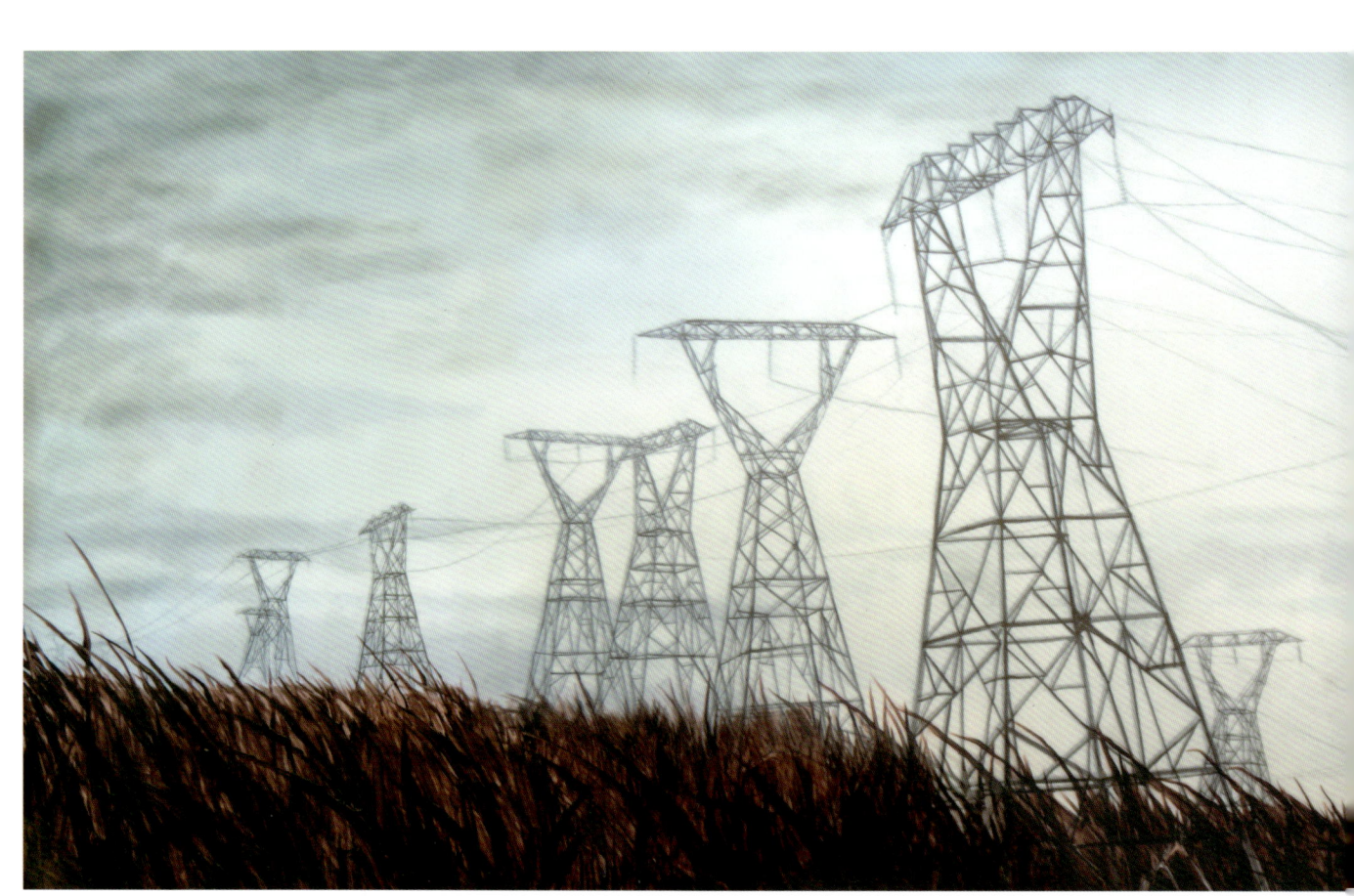

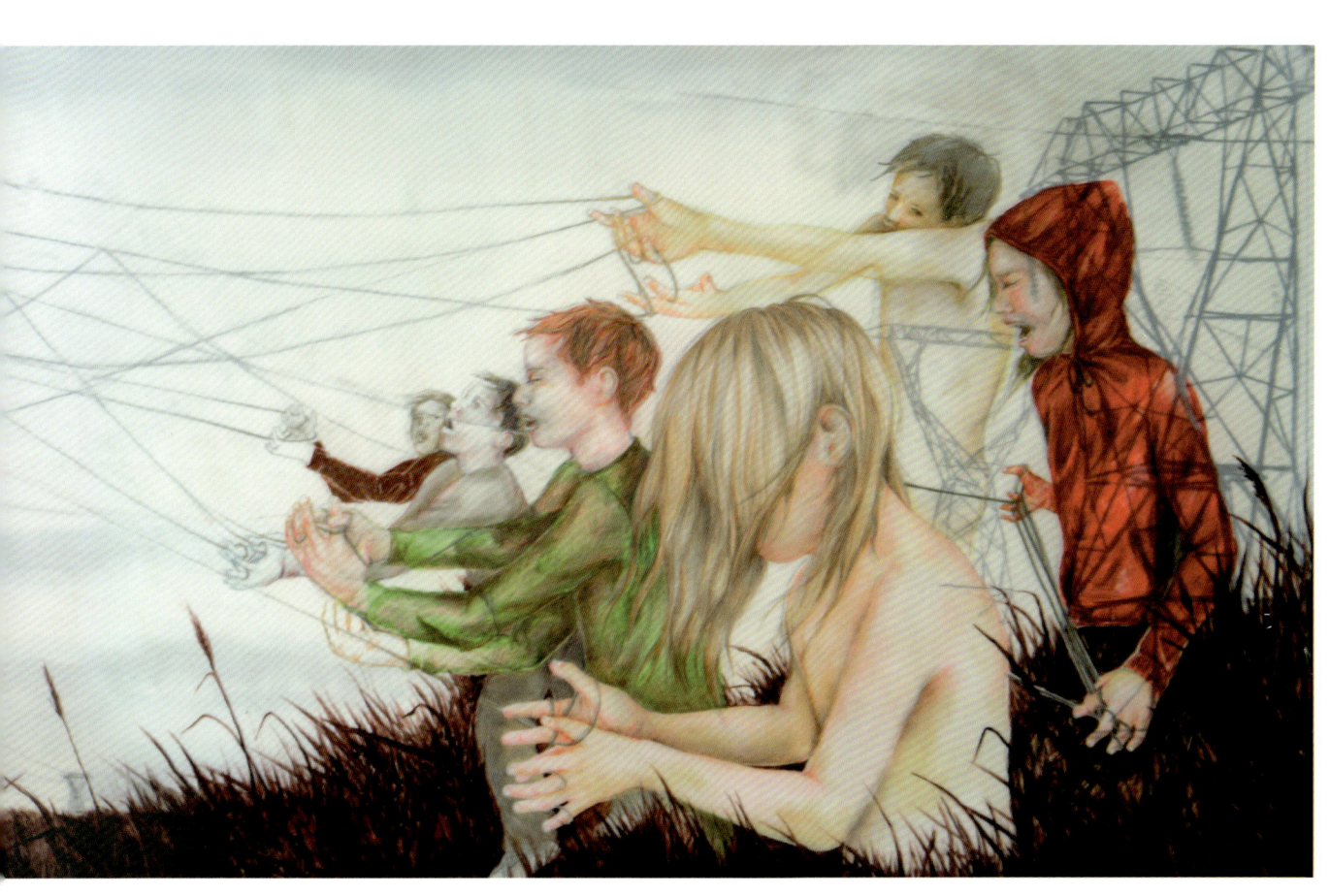

46–47] **Cats Cradle** 2004

49] **Sticks and Stones** 2004

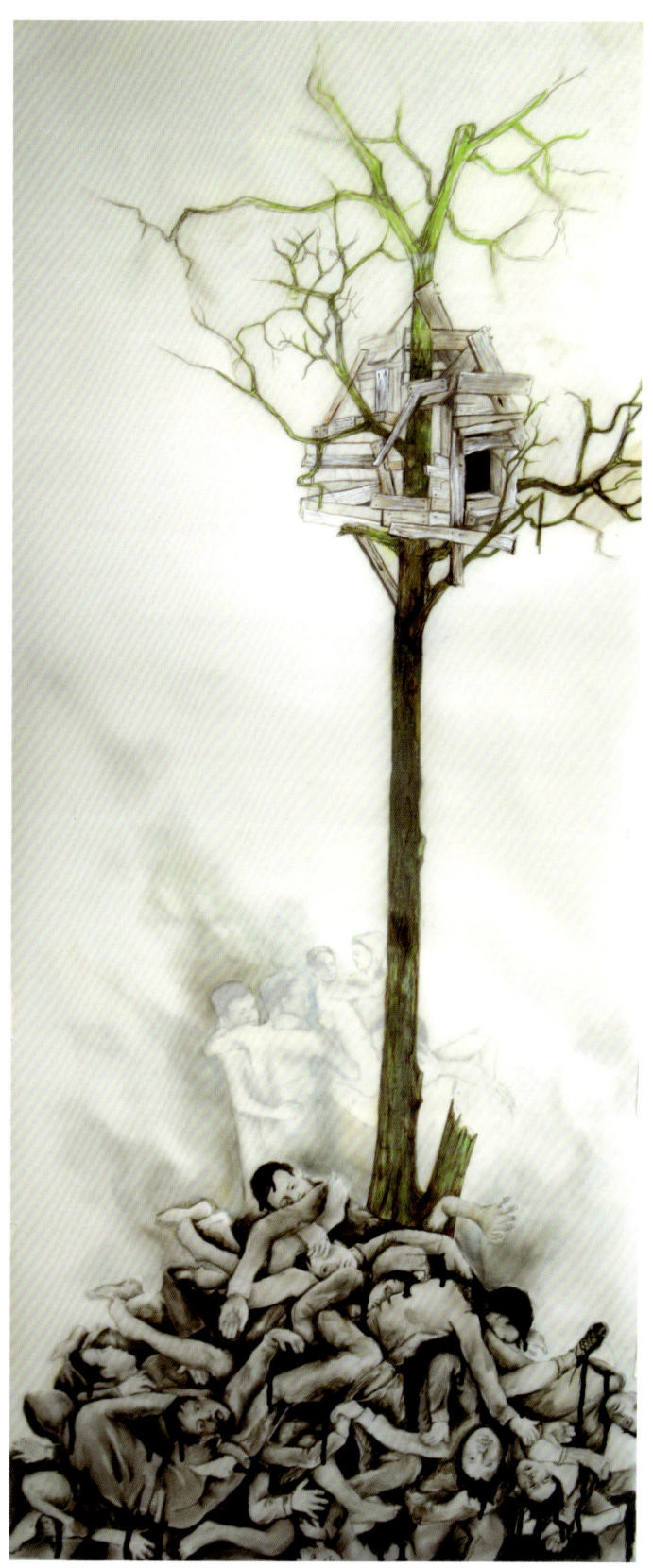

51] **Smoke Signals** 2005

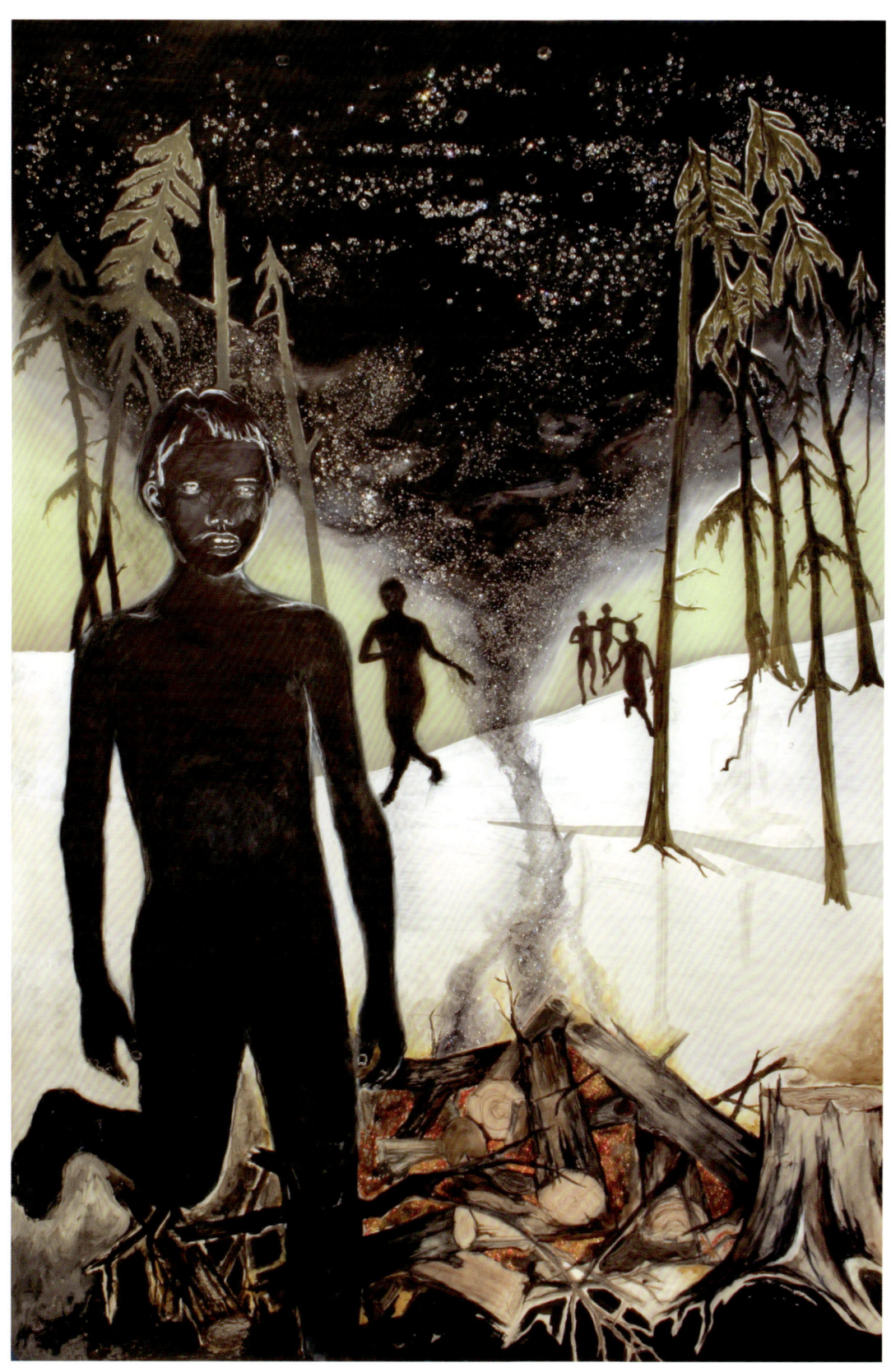

53] **Fifty Days until Good Friday** 2004

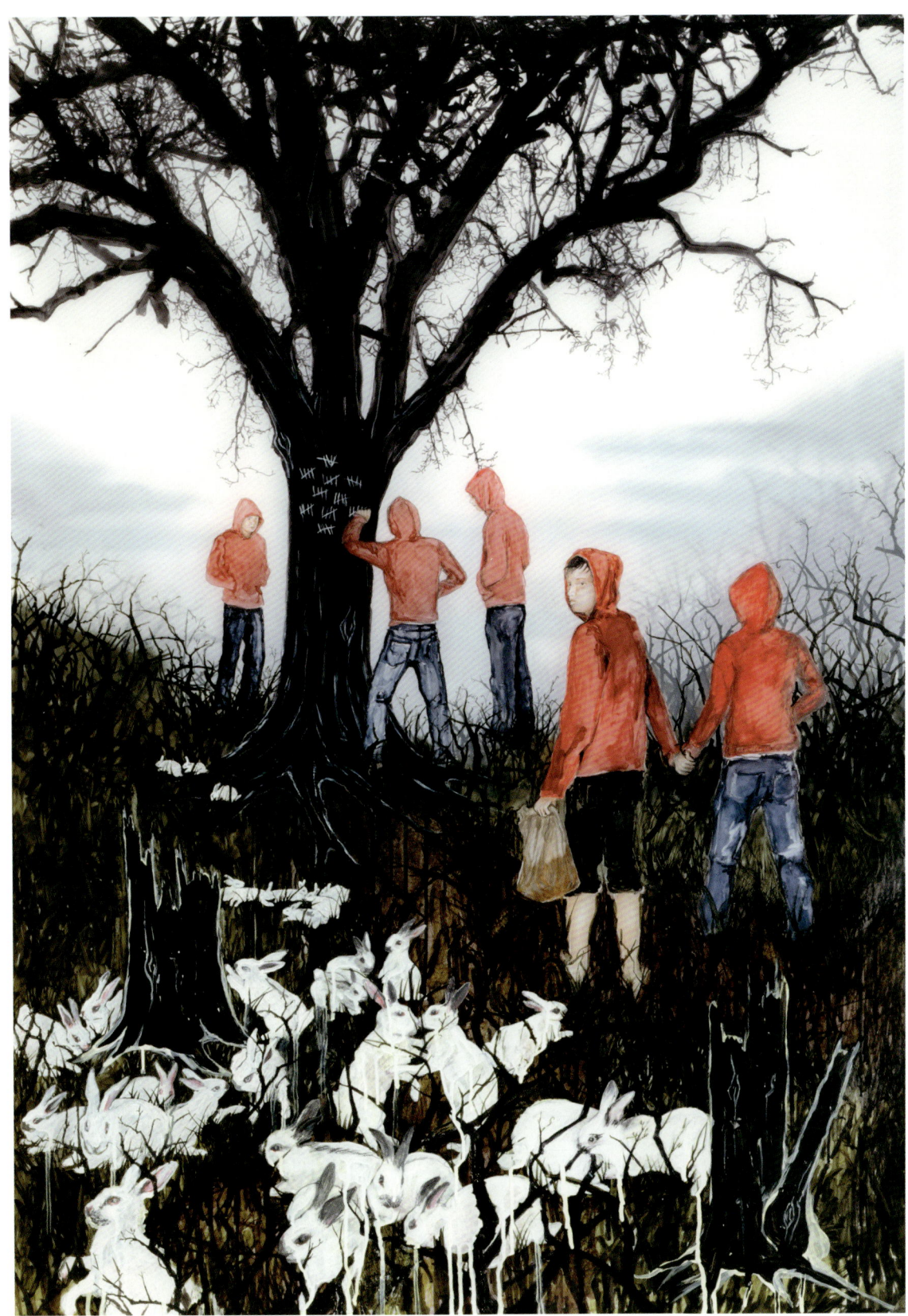

55] **Bloodstone** 2004

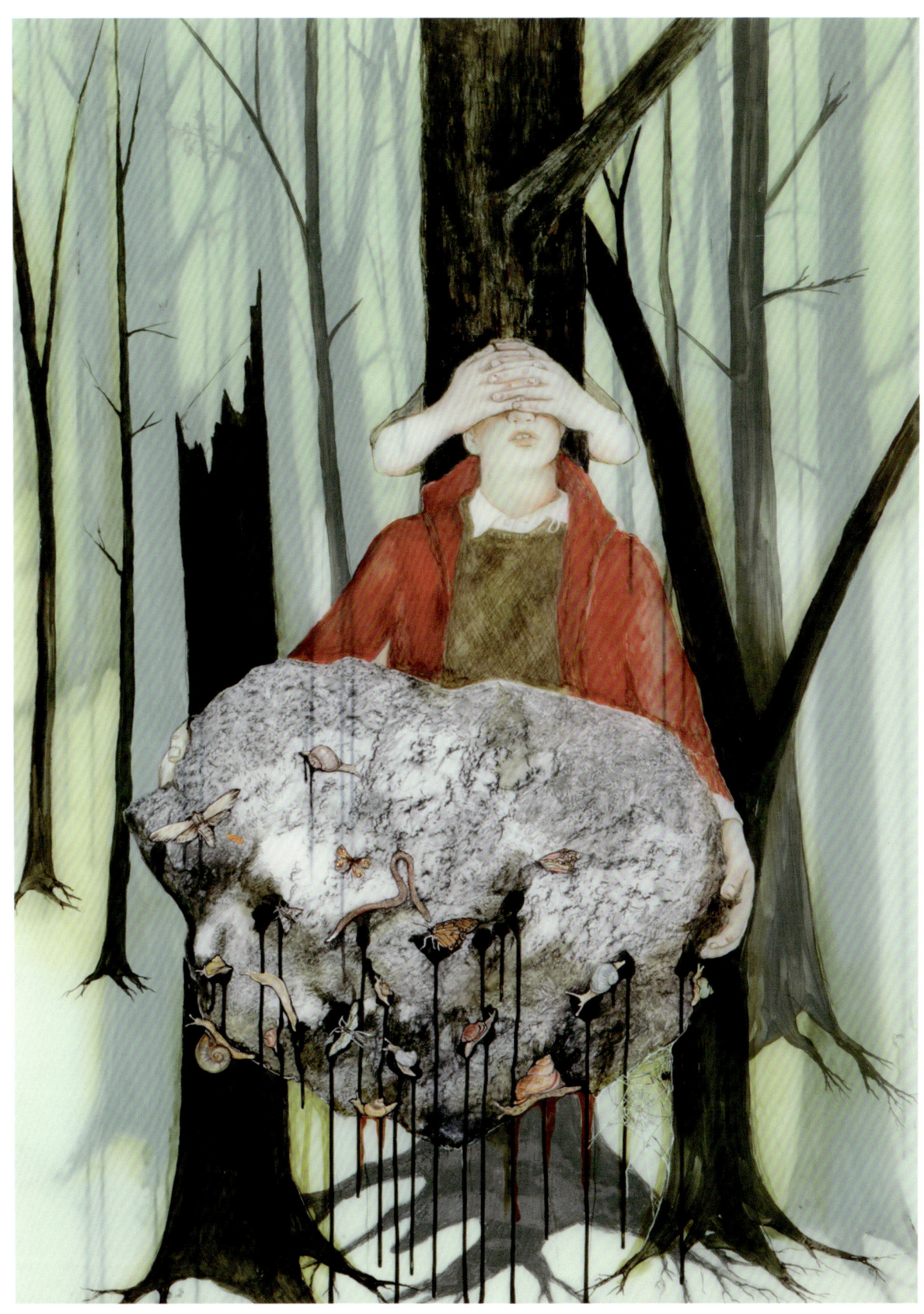

57] **Red Sky** 2004

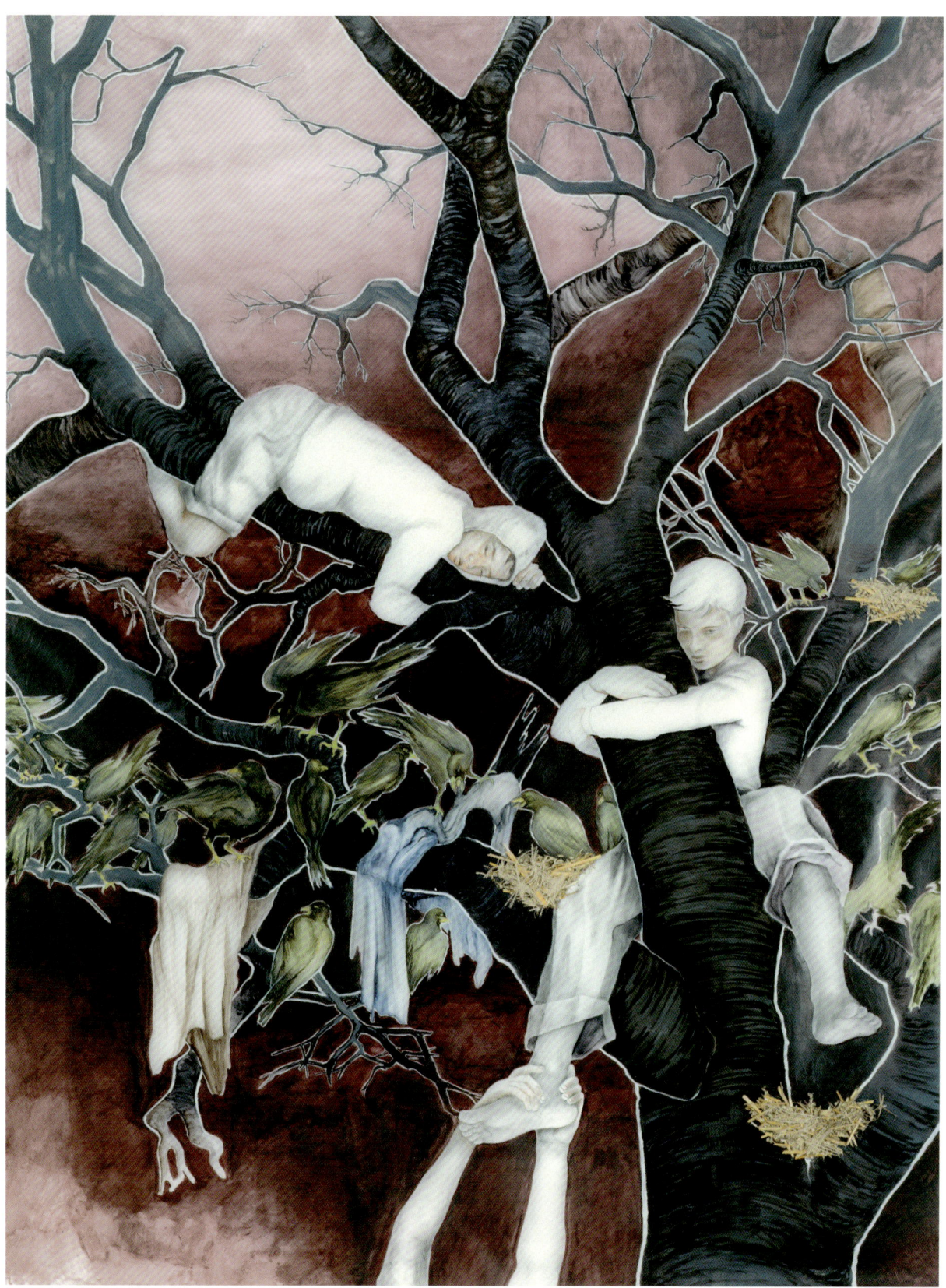

List of Plates

1] **Mama's Boy** 2004
30 x 23 inches,
graphite, ink, and acrylic
on mylar and plexi

5] **Bell Jar** 2003
9.25 x 12.25 inches,
graphite, ink, acrylic, and gold leaf
on mylar and plexi

6] **Sacred Heart** 2003
9.25 x 12.25 inches,
graphite, ink, acrylic, and gold leaf
on mylar and plexi

7] **Goat** 2003
9.25 x 12.25 inches,
graphite, ink, and acrylic
on mylar and plexi

9] **Sitting Room** 2003
9.25 x 12.25 inches,
graphite, ink, and acrylic
on mylar and plexi

10] **Bubble Wish Face** 2003
30 x 42 inches,
graphite, ink, and acrylic
on mylar and plexi

11] **Golden Shower** 2003
9.25 x 12.25 inches,
graphite, ink, acrylic, and gold leaf
on mylar and plexi

13] **Stilted** 2003
16 x 24 inches,
graphite, ink, acrylic, and gold leaf
on mylar and plexi

14] **Yodah Boy with Birds** 2003
9.25 x 12.25 inches,
graphite, ink, and acrylic
on mylar and plexi

15] **First Snow** 2003
9.25 x 12.25 inches,
graphite, ink, and acrylic
on mylar and plexi

17] **Migration** 2003
30 x 31 inches,
graphite, ink, and acrylic
on mylar and plexi

19] **Dog Pen** 2003
24 x 16 inches,
graphite, ink, and acrylic
on mylar and plexi

20] **Dog Fight** 2003
9.25 x 12.25 inches,
graphite, ink, and acrylic
on mylar and plexi

21] **Burnt** 2003
19 x 24 inches,
graphite, ink, and acrylic
on mylar and plexi

23] **Shat On** 2003
16 x 24 inches,
graphite, ink, and acrylic
on mylar and plexi

25] **Blind Hassid with Pasta** 2003
9.25 x 12.25 inches,
graphite, ink, and acrylic
on mylar and plexi

26] **Broomstick** 2003
9.25 x 12.25 inches,
graphite on mylar and plexi

27] **Escape from
Witch Mountain** 2003
9.25 x 12.25 inches,
graphite on mylar and plexi

29] **Smoker** 2004
9 x 12 inches,
graphite, ink, acrylic, and gold leaf
on mylar and plexi

31] **Bee Keeper Girl** 2003
30 x 23 inches,
graphite, ink, and acrylic
on mylar and plexi

33] **Car Crash** 2004
9 x 12 inches,
graphite, ink, and acrylic
on mylar and plexi

34] **Fight Scene** 2004
9 x 12 inches,
graphite, ink, and acrylic
on mylar and plexi

35] **Sick Bed** 2004
9 x 12 inches,
graphite, ink, and acrylic
on mylar and plexi

37] **Wolf in Sheep's
Clothing** 2004
22 x 34 inches,
graphite, ink, and acrylic
on mylar and plexi

39] **Decomposition** 2004
25.5 x 22 inches,
graphite, ink, and acrylic
on mylar and plexi

41] **Tar Baby** 2004
36 x 42.25 inches,
graphite, ink, acrylic, and
black pepper on mylar and plexi

42] **Wishing in the Midwest I** 2004
19 x 24 inches,
graphite, ink, and acrylic
on mylar and plexi

43] **Wishing in the Midwest II** 2004
19 x 24 inches,
graphite, ink, and acrylic
on mylar and plexi

45] **Starry Night** 2004
36 x 43 inches,
graphite, ink, and acrylic
on mylar and plexi

46–47] **Cats Cradle** 2004
24 x 79 inches,
graphite, ink, and acrylic
on mylar and plexi

49] **Sticks and Stones** 2004
48 x 19 inches,
graphite, ink, and acrylic
on mylar and plexi

51] **Smoke Signals** 2005
36 x 50 inches,
graphite, ink, acrylic, and zwarski
crystals on mylar and plexi

53] **Fifty Days until Good Friday** 2004
36 x 58 inches,
graphite, ink, and acrylic
on mylar and plexi

55] **Bloodstone** 2004
36 x 56 inches,
graphite, ink, and acrylic
on mylar and plexi

57] **Red Sky** 2004
60 x 84 inches,
graphite, ink, and acrylic
on mylar and plexi

Acknowledgments

Philip & Shelley Aarons
Lawrence Barth
Baudouin Van Bastelaer
Eric Brown
Melva Buchsbaum
   and Raymond J. Learsy
Michael Collins
Alex Cox
Ampy & Fred Cox
Jennifer Dalton
Allison Gildersleeve
Olivia Gilmore
Eddy Goicolea
Philippe & Shirin Guillaume
Tom Healy and Fred Hochberg
Jonathan Hollingsworth
Stephane Janssen
Gwen Lockridge
Gina Magid
Harvey Shipply Miller and
   The Judith Rothschild Foundation
Richard Orgias
Simon Orgias
Tony & Gail Orgias
Richard Orjis
Mario Palumbo
David Quadrini
Kristin Rey
Tara Sandroni
Magda Sawon
Aurel Scheibler
Brigitte Schlueter
Daniel Schmidt
Jessica Skiles
Deborah Smith
   and Nicholas Stevens
Allan Thomas
Adriaan Van Der Have
Simon Watson
Larry Wheeler
Edsel Williams
Jack Woody
Axel Ziegler

For my family. Thanks for all your support.

Colophon

This second edition of *Drawings* is limited to 1,000 casebound copies. The drawings are copyright Anthony Goicolea, 2005. The contents of the book are copyright Twin Palms Publishers, 2005. Book design by Jack Woody. Typography by Arlyn Eve Nathan. Production management by Axel Ziegler. The typefaces selected are Stone Sans and Garamond. This book has been printed and bound in Korea.

ISBN 1-931885-40-0

 Twin Palms Publishers

Post Office 10229
Santa Fe, NM 87504
1.800.797.0680
www.twinpalms.com